侨界杰出人物故事丛书

# 容闳的故事

华　夏　谈楚儿◎著

中国华侨出版社

·北京·

**图书在版编目（CIP）数据**

容闳的故事 / 华夏，谈楚儿著. — 北京：中国华侨
出版社，2022. 3

ISBN 978-7-5113-8652-6

Ⅰ.①容… Ⅱ.①华… ②谈… Ⅲ.①容闳（1828-1912）—
生平事迹 Ⅳ.①K827=6

中国版本图书馆CIP数据核字（2021）第 203103 号

**容闳的故事**

著　　者：华　夏　谈楚儿
责任编辑：高文喆　桑梦娟
封面设计：何洁薇
经　　销：新华书店
开　　本：710毫米×1000毫米　　1/16　　印张：17.75　　字数：210 千字
印　　刷：三河市华东印刷有限公司
版　　次：2022 年 3 月第 1 版
印　　次：2023 年 7 月第 2 次印刷
书　　号：ISBN 978-7-5113-8652-6
定　　价：68. 00元

中国华侨出版社　　北京市朝阳区西坝河东里77号楼底商5号　　邮编：100028
发 行 部：（010）64443051　　传　真：（010）64439708
网　　址：www.oveaschin.com　　E-mail：oveaschin@sina.com

如发现印装质量问题，影响阅读，请与印刷厂联系调换。

# 目　录

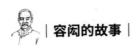

第一章

## 贫苦童年

# 1
# 南屏小镇

　　容闳的故乡南屏，位于珠海南部，坐落在彼多罗岛[①]北面。南屏背靠将军山，前山河绕村蜿蜒地往南边流去，东面是拱北海关，与澳门仅一水之隔，相距约五里。村子周围都是沿海平原，适宜耕种。温润的气候与纵横的河涌，使这里成为物产丰富的鱼米之乡。行走在南屏乡间，青砖灰瓦的传统民居错落有致，其间还耸立着具有浓郁西方风格的碉楼。从南屏往东南方向望去，依稀可见澳门的大三巴牌坊，还有各式具有南欧风情的建筑，连成高低起伏的天际线，宛如一曲中西合璧的交响曲。

　　翻开地图，不难发现南屏此地中西文化深度交融的原因。珠海原属于香山县[②]。香山县东临伶仃洋，与深圳、香港隔海相望；其东西两侧均有珠江入海口，海岸线漫长，近海区域岛屿星罗棋布，沿岸众多优良海港可供往来的商船停泊。早在新石器时期香山地区就有人类活动，唐代在此地设立了香山镇，宋代朝廷将香山镇升格为香山县。南宋时，南雄珠玑巷居民为避战祸，往南迁徙到珠三角地区。南迁移民抵达香山一带，白手起家，将荒芜的海边土地改造为安居乐业的沃土。

　　1553 年，葡萄牙殖民者借曝晒水渍货物之名，强占原本属于香山县管

---

　　① 彼多罗岛（Pedro Island）：即湾仔岛。
　　② 香山县为广东古县，主要地域包括今广东省和澳门特别行政区的部分地区。香山县原是孙中山故乡，1925 年为纪念孙中山，香山县更名为中山县。1953 年，香洲、金湾等地成立珠海县，不再由中山管辖。

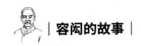 

辖的澳门。此后，西班牙、荷兰、英国、法国等商船船队先后来华，要求"通商"。广州是明清时期中国唯一的对外通商口岸，现在珠海香洲外的伶仃洋一带，是当时外国商船进入广州的必经之地。清嘉靖年间，停泊在内伶仃岛和唐家金星门一带的外国商船，最多时可达一百多艘，金星门周边也形成了商品交易市场。

商业贸易不仅促进经济发展，而且开拓了当地人的思想与眼界，香山地区成为中西文化交流的前沿之地。在西方先进文化的影响下，敢为人先、开拓进取的精神深入人心。当时爱国侨商提议在香洲兴建商埠，发展实业以振兴地方。此提议得到两广总督批准，遂计划建设"六十年无税商埠"。这为近代珠海的社会经济发展起到示范作用。

西方资本主义文明进入晚清中国的同时，西方列强的军事、经济侵略也同步而至。葡萄牙人在16世纪强占澳门，多次试图侵占我国领土。鸦片战争前，英国鸦片贩子在香山外围海域的淇澳岛走私鸦片，欺凌乡民。1836年夏，因台风大作，南屏外海面的渔船遭遇飓风被毁，英国人趁机登舰检查，乱枪射杀平民。同年秋天，英国人在东望洋山上开路，逼迫乡民迁坟，不迁者"弃残骸于海"，引发民愤。1840年鸦片战争爆发，英军炮击拱北关闸，血洗我国国门。葡萄牙人亦趁机侵占我国领土，后又驱逐清朝设在澳门海关的官员。晚清的香山历史，亦是人民的血泪史。

哪里有压迫，哪里就有反抗。香山人民从未停止反抗侵略，爱国主义深深植根于代代乡民心中。

1833年，淇澳岛爆发抗英斗争，淇澳岛村民用火炮还击一直滋扰村民的英国鸦片贩子，将侵略者打得举白旗投降，并赔偿白银3000两。1849年，欺凌乡民、霸占中国土地的葡萄牙总督亚玛喇，被龙田村民沈亚米刺杀。19世纪初，葡萄牙意图侵占南屏、拱北等地，南屏乡北山村人杨应麟带领乡民成立"香山县勘界维持会"，"绝不容忍葡人占领澳门以外一寸土地"[①]，自办武装，挫败了葡萄牙扩界的野心，维护了国土的完整。爱国爱乡、反抗侵略压迫的精神，一直铭刻在香山人民心中。

在风雨飘摇的半封建半殖民地社会，地处中西文化交汇前沿，在民主自由、开放包容、敢为人先和爱国主义精神的影响下，香山及周边珠三角地区诞生了一批近代中国最先觉醒、最早开始寻求救国救民的先进人物群体。其中有投身洋务、兴办实业的唐廷枢，探求救国道路的梁启超、孙中山，有在华南地区传播马克思主义的第一人杨匏安，也有领导了省港工人大罢工的共产党员苏兆征等。这里走出了清华大学第一任校长唐国安、中华民国第一任内阁总理唐绍仪。在列强入侵之际，这些仁人志士挺身而出，抗击侵略，反对封建统治，探求救国救民道路，拯救民族于危难之秋，在中华民族的历史上，书写下不朽的名字。

容闳，就是他们当中的一员。

---

① 珠海市档案馆：《杨应麟与香山县勘界维持会》，2018年3月14日，见 http://www.zhda.gov.cn/dazt/ngfq/mrcl/201601/t20160126_12256572.htm/。

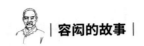 

# 2

# 贫苦农家

————————

　　1828 年 11 月 17 日夜里，南屏村西北角一间老旧的"镬耳屋"①里，男主人容名建正焦急地等待着妻子生产。随着一声婴儿的啼哭响起，这个家庭的第四个孩子诞生了②。这是个健康的男孩子，哭声清脆响亮，接生婆连连道喜。容名建抱着刚出生的儿子，心中自然欢喜。可家中已有二子一女，今年年景不好，晚造稻谷要减产了，现在又多了一张要吃饭的嘴，日子该怎么过下去呢？

　　想到这里，窗外的夜，似乎更加漫长了。

　　上溯历史，容氏始祖是汉代沙祖公，祖籍陇西敦煌。五代时期，容氏族人为避战乱，南迁至南雄珠玑巷。南宋时，珠玑巷移民南迁珠三角，容氏族人随着南迁到新会荷塘（今江门市蓬江区荷塘镇）定居。此后，部分容氏族人又迁居香山县南屏乡，在此开枝散叶。他们与同居此地的林、张、郑姓族人一起辟土种粮，繁衍生息。经过数百年的发展，南屏成为人口稠密的乡镇，容氏家族也成为南屏四大姓之首。

　　容闳之父容名建，又叫丙炎，号立亭，是家中的长子，下面还有名

————————

　　①　"镬耳屋"是岭南传统广府民居的代表。镬，是古代的一种大铁锅。"镬耳屋"因其山墙状似镬耳，故称"镬耳屋"。其建筑特点是瓦顶建龙船脊和山墙筑镬耳顶，用于压顶挡风。一般为砖木结构，分布于珠江三角洲地区。

　　②　容闳在自传《西学东渐记》中提到自己有"一兄一姐一弟"，是家中的第三个孩子。据《容氏谱牒》记录，容闳为家中第四子，上有两兄一姐，其中次兄过继给叔叔名培公。

著、名彰、名嘉、名培四个弟弟。容名建生于 1795 年，是个憨厚老实的农民，他勤勤恳恳，努力维持全家生计，妻子林莲娣勤劳能干，料理家务、纺纱织布、下地劳作，样样利索。一家人租种着三四亩薄田，过着半农半渔的贫困生活。

南屏乡土地平坦，物产丰富。但由于官员腐败，鱼肉百姓，苛捐杂税多如牛毛，普通佃农负担极重，耕作一年，八九成的收成要用于交地租。加之天灾频繁，往往田里稻谷还未成熟，家里就断粮了，一家老小都在温饱线上挣扎。尽管容名建一家辛勤劳作，农忙种地，闲时捕鱼捞虾帮补家计，却始终难得温饱。

据南屏乡老人们回忆，在容闳诞生的夜里，容名建做了一个梦。梦里村子南面的将军山上绽开了芬芳四溢的桂花，村边番荔枝树结出硕大的果实。大儿子读圣贤书，中了秀才，刚出世的小儿子，长大以后通读新书，搞起了洋务，自家矮小的房子也变成高大显贵的朱门。

第二天，他向村中的乡绅、秀才和算命先生等"文化人"询问梦境的意思。大家一听，都笑嘻嘻地向他道喜。

"好梦！好梦！"

"桂花开，好运来。举业旺，桂冠戴。番荔甜，喜冲怀。朱门高，自有财。好兆头！好兆头！"

乡邻们说容家小儿子将来必定出人头地，他们根据梦境，翻阅《康熙字典》，给这个孩子取名"闳"。容闳名字由来的传说，固然带有乡人美好想象与愿景，但对贫苦的容名建而言，儿子未来能够光宗耀祖的期望，是艰辛生活中一点难得的慰藉。

尽管日子过得紧巴巴，但在父母兄姐的关爱照料下，容闳健康地长

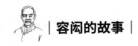

大了。四五岁的时候，他已经长得相当高大壮实。在私塾读书的长兄容光杰，不时会教他几句《论语》《孟子》中的名言名句，让他懂得辨别是非，成为一个正直明理的人。

年龄渐长后的容闳努力帮助家人做力所能及的家务。秋天时，他跟着姐姐到山上砍柴割草，收集柴火，帮助父母减轻负担。冬天时，鱼塘水干，他便跟着哥哥到塘里捉塘鲺和鲟鱼，卖钱帮补家计。等到春暖花开，容闳便牵着牛去放牧，南屏的山间地头，到处都留下了他的足迹……容闳的童年就在这样半耕半渔中度过。这种生活锻炼了容闳的体魄，也培养了他不屈不挠、坚毅勇敢的性格。

# 3
# 发蒙澳门

一转眼，容闳 7 岁了，到了该上学读书的年龄。这事成了压在容父心头的一块石头。长子容光杰已经进私塾读书，学的是正统学问，走的是科举之路。小儿子聪明伶俐，如果能够上学，必定能出人头地。但容家家贫，供一个儿子读书已经非常不容易。有没有办法既能让容闳上学，又不增加家庭负担呢？

事实上，还真的有这样两全其美的办法：去洋人开办的教会学堂。葡萄牙人占据澳门以后，西方教会以澳门为基地，向内地传播宗教。教会派往中国的传教士，采用办学方式传教。这类学校传播基督教思想的同时也教授洋文和汉文，不仅不收学费，还提供食宿，对于贫民家庭相当有吸引力。

广东沿海地区长期受到西方文化影响，在民众的观念中，上洋学堂、学"番文"并不丢人，而且有不少人因为懂"番话"、跟洋人做生意而发家致富。南屏乡的郑家大户，就因为懂几句"番话"，搞洋务发了财。容父考虑再三，觉得日后小儿子学有所成，懂"番话"当翻译，也不愁没饭吃。

容父为儿子的未来做好安排的同时，机会也来了。德国传教士郭士立 [①]

---

[①] 郭士立（Karl Friedrich August Gützlaff，1803—1851），中文名也译作郭实腊、郭实猎、郭甲利、郭施拉、古特拉福、居茨拉夫等，普鲁士籍新教传教士。1833 年到澳门居住，后与温施黛结婚。1840 年鸦片战争爆发时，郭士立担任英军司令官的翻译和向导，参与起草《南京条约》。1843 年香港开埠后，担任首任香港总督璞鼎查的中文秘书。1851 年在香港去世。

在澳门传教，他的英国妻子温施黛①夫人开设了教会小学。

这所学校位于澳门大三巴附近，是郭士立夫妇的寓所。学校在 1834 年开办，主要招收家境贫苦的女生，开创了中国女子教育的先河。学校教授英文和中文，主要是为传播基督教义。1835 年，英国商人们为了纪念第一个到中国的传教士马礼逊，计划筹建"马礼逊学校"②。他们给予温施黛夫人每月 15 英镑的经费，在她开设的学校里增设男生部，为未来学校成立做准备。因此地处澳门周边的南屏乡里的农民子弟，便有了入校学习的机会。

容父从同乡口中得到学校招生的消息。这位同乡在小学里担任司事一职，联系妥当以后，他安排容闳父子前来学校。那是 1835 年夏季的一天，父亲早早便带着容闳出门了。尽管早已知道今天要去上学，可是容闳的小脑瓜里充满了疑问：为什么自己上学要带上换洗衣服，而不是像兄长那样背着书包就行？父亲为什么要把自己送去遥远的洋学堂呢？

很多年以后，容闳在自传中写下了自己猜测的答案。他认为，也许是通商以后，洋务日趋重要。父亲看到了这点，所以才先人一步，将儿子送入西式学校，希望他将来成为翻译或者洋务委员，可以出人头地。只不过，容闳未来成就的事业，却远远超出了父亲的预期。

---

① 温施黛（Mary Wanstall，1799—1849），中文名也翻译为温施娣，英国人，原为伦敦妇女教育会（The Ladies' Society for Native Female Education）派往马六甲英华书院工作的教师，1834 年与郭士立结婚。1835 年 9 月 30 日，温施黛与郭士立在澳门设立一所女子学校。容闳曾入读该女校附设的男生班。

② 马礼逊学校是为了纪念英国传教士马礼逊（Robert Morrison，1782—1834，也翻译为玛礼孙）而设立的学校，俗称马公书院。1836 年由英美等国外交官、传教士和商人出资，在广州成立马礼逊教育协会。初期资助温施黛夫人和马六甲的英华书院附招学生。1839 年在澳门创校，容闳在 1840 年入学。1842 年马礼逊学校搬迁至香港黄泥涌村飞鹅山，又被称为"飞鹅山书院"。1849 年学校因为缺乏资助而停办。

就这样，容闳跟着父亲走出家门，乘上小船，渡过大海，踏上澳门的土地。这座被葡萄牙人占据了三百多年的城市，高低错落的建筑充满异域风情，显得陌生又新奇。父子两人顺着弯弯曲曲的街巷，沿途打听，终于来到了温施黛夫人的学校。

温施黛夫人身材修长，眉眼清秀又有威严。蓝色的眼睛深陷在眼眶中，高鼻梁、薄唇浓眉，一看便知是位果敢干脆的女中丈夫。当时正值盛夏，她穿着一件全白的连衣裙，两处袖子拱起如同圆球一样。这是当时西方流行的衣服样式，和清朝女性的大襟长裙全然不同。白衣飘飘的温施黛夫人走起路来仿佛翩然而至的仙子。容闳第一次见到西方女性，加上服装让温施黛夫人显得格外高大，这让年幼的容闳惊愕不已，始终依偎着父亲，不敢上前。尽管温施黛夫人和颜悦色，但他仍惴惴不安。容父见状，不忍心将年幼的儿子留下，可想到孩子未来的前程，终究还是按下心中的不舍，叮嘱儿子：

"仔，好好读书，听教听话！学好番话出来揾大钱！"

懂事的容闳强忍泪水，连连点头，父子二人就此话别。当看到父亲的背影消失在街头，容闳再也忍不住了，眼泪止不住地落下来……

温施黛夫人的小学，主要招收女生，男生部仅作为附属。刚入学时学校仅有两名男生。而容闳又是所有学生中最年幼的，温施黛夫人担心他被其他学生欺负，特意将其安排在三楼女生宿舍。但是容闳当时并不理解她的苦心，觉得自己只能在三楼露台活动，和女生一样；其他男生则能到户外活动，便认为她有意为难自己，厚此薄彼。心有不甘之下，容闳时常在课余时间偷偷潜入楼下，与男生们一同玩耍。

入学的第一年，学校严格的管理制度让习惯了自由生活的容闳觉得

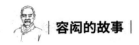 

像被关进笼子里的鸟儿，他也因此越发想家。尽管父亲叮嘱他要好好读书，学好"番话"，日后挣大钱、"起大屋"，但在年幼的容闳心中，遥不可及的大房子，远远不及家中那栋陈旧的镬耳房温暖，他想念厨房的袅袅炊烟，想念父母慈祥的面容，更想念一家人其乐融融的日子……回家的念头牢牢盘踞在容闳的脑中，他经常偷偷逃出学校，跑到码头遥望对岸的南屏，一解思念之苦。

看着港口里密密麻麻停满了小船，容闳忽然想起之前坐船过海的经历。既然能乘小船来澳门，那么也一定能乘船回去！这个想法一冒出来就再也停不下来了，他盘算着如何能够逃出眼前的牢笼，恢复旧日的自由身。同校女生当中有好些人因为学校管理太过苛刻，早就想逃离学校回家，她们对容闳的想法深表理解。

最后，有六位大胆的女同学加入了计划：容闳先去码头雇用船只，其他人趁机逃脱。第二天，趁温施黛夫人吃早餐，他们偷偷溜出学校，朝码头飞奔而去。乘上预先租好的小船，看到小船离岸而去，孩子们都为能逃出牢笼雀跃不已。

小船如离弦之箭在海面上行驶，容闳的心也像飞起来一样。他甚至计划好了回到村里，让女同学们到亲戚朋友家借宿几日，再自行返家，这样便皆大欢喜。

故乡南屏已近在眼前，可后面却突然出现一艘大船，正朝他们追来。容闳心急如焚，心知已经被发现，只能连声央求船老大加快速度，许诺到岸后加付酬金。可两桨小船怎么敌得过四桨大船的速度？不一会儿，小船便被追上了，船老大也知道速度差距太大，看到大船上的人挥动手巾，索性停下船桨不走了。容闳七人只得束手就擒，乖乖回去，逃学行动宣告失败。

容闳七人被人带回勃然大怒的温施黛夫人面前，她对学生们出逃的行为非常生气。为了惩罚他们，温施黛夫人命令七人排成一列，在学校里游行示众。晚课之后，又在教室里放置一张长桌，让七个逃学者在桌上站一个小时。每个学生都被戴上了纸皮糊成的圆锥形高帽子，胸前挂着"逃徒"的方形纸牌。他们被当成越狱逃犯，受到同学们的围观嘲笑。容闳受到如此大的惩罚，羞愧得无地自容。

可温施黛夫人意犹未尽，故意在容闳他们面前，给其他学生派发饼干水果，并让学生们当场分食，看得饥肠辘辘的容闳口水都要流下来了。可他绝不多看一眼，只觉得罚站的苦和围观者的欢乐对比起来，更让他觉得难堪。

经过此次惩戒，容闳开始认真读书，不再逃学，努力学习英语和《圣经》。随着思乡之情的淡去，习惯了学校生活以后，他渐渐能理解师长的苦心，再回忆起当年的惩罚，只觉得当时的惩戒是她的恶作剧。温施黛夫人悉心指导容闳学业，对他关怀备至，容闳感受到她的慈爱，把她当成自己母亲一样。

随着学生人数的增长，教学工作也日益增加。温施黛夫人邀请了她的侄女派克司女士前来担任助教。在此期间，她还收养了三位盲女，同样让她们接受教育。聪明善良的容闳此时已经有一定的英文基础，他也参与到盲女的教育当中，分担教学压力。容闳教她们凸字读书法，通过触摸凸出的字迹辨别识字，在1839年学校停办之前，盲女们已经能够自行诵读《圣经》和《天路历程》两本书。这件事情，或许让尚且年幼的容闳明白了这样一件事——传授知识，能帮助他人，这比挣大钱更有意义。他一生

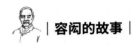

对教育事业的执着追求，也许就起源于此时。

1839年3月，钦差大臣林则徐抵达广东。在澳门读书的容闳并不知道，这位林大人将会在广东掀起销烟禁烟的风暴，揭开近代中国历史里极为重要的一页。对他而言，尽管课程继续，学校的氛围却有些异样。温施黛夫人的丈夫郭士立牧师，在传教的同时，也为英国鸦片贩子收集中国情报。郭士立告诉自己的妻子，钦差大臣林则徐在广东禁烟的行动引发了中英关系紧张，未来很可能会开战。温施黛夫人几经思量，决定停办学校。

1839年5月，温施黛夫人关闭了教会女校和附属的马礼逊预备学堂，带着三名失明女童前往美国。容闳因此离开了澳门，回到了父母身边。自己未来会是怎样呢？会不会如同父亲设想的，成为翻译或者买办呢？容闳对将来没敢奢望太多。但他不知道的是，自己的勤奋、聪慧和善良打动了温施黛夫人，她在离开澳门前，已经为容闳铺好了未来的道路。

# 4
# 辍学归乡

学校解散后，学生各奔东西，容闳返回南屏家中，一边继续学习汉文，一边跟随兄姐劳作，帮助父母减轻养家的负担。[①]1840 年夏秋之际，英国人发动了蓄谋已久的鸦片战争，进攻广州城。战火烧到了容闳的家乡南屏附近。与南屏相距不远的拱北关闸，英军对澳门地区的中国驻军发动进攻，军舰朝中国炮台开火，血洗国门，关闸之役最终以清军败退告终。国运倾颓，物价飞涨，风雨飘摇之际容闳家中也遭逢剧变，操劳一生的父亲不幸去世，国难家丧，一同袭来。

容名建劳碌一生，去世时可谓"身后萧条，家无担石"。望着一贫如洗的家，容闳想起父亲起早摸黑的劳碌身影，想起他送自己去澳门上学时的殷殷叮嘱，不禁悲痛万分。安葬父亲后，年龄较长的姐弟三人帮助母亲担起养家的重担：容闳的哥哥已经是十七八岁的小伙子，负责出海打鱼，养家糊口；姐姐帮助母亲料理家务，下地耕作；12 岁的容闳则做起了小生意，批发些糖果在村镇间叫卖。

为了卖糖挣钱，容闳每天清晨 3 点就起床，领了糖果后就在村镇间走街串巷叫卖，一直到晚上 6 点才回家。一天辛劳，又累又饿，所得不过二

---

① 据《马礼逊教育会学校学生报名表》记录，容闳于 1840 年 11 月 1 日入学，而非其个人自传中记录的 1841 年。容父在 1840 年 9 月逝世，根据容闳自传中所述，售卖糖果、拾麦穗以后，还有半年的时间在印刷厂和诊所工作，笔者倾向容闳 1839 年返家后就开始挣钱养家。

角五分钱。但想到劳碌的母亲兄姐，容闳丝毫不敢怠慢这份工作，每天早出晚归，勤勤恳恳，把所赚的钱分角不少地全部交予母亲。

可惜，售卖糖果的生意没有维持太久。寒冬来临，糖果铺也停止了制作糖果。无货可进，容闳只能另谋出路，与姐姐一起到稻田里拾取稻穗。他们在田间忙碌甚为辛苦，但所获却甚少，容闳不由得想起《圣经》中的一个故事：有个叫卢斯的寡妇，靠辛勤割禾却一无所获。幸运的是，卢斯遇到了慷慨善良的波亚士，得到了波亚士的周济。这个故事本意劝人向善，但对当时的容闳而言，他多么希望自己也能遇到像波亚士这样的义士，向困境中的自己伸出援手。

最终帮助容闳的，是他自己的学识。乡间农民从容闳姐姐处听说容闳学过英文，引起了他们的好奇。领头的农民马上把容闳叫到跟前，大家七嘴八舌对他说：

"阿闳！听说你会讲'红毛人'的话，是吗？"

"说几句给大家听听吧！我们从来没有听过那种话呢。"

起初，容闳觉得有点害羞和胆怯，不敢开口。但是姐姐在一旁鼓励他："你就说几句让他开开眼界，也许等会儿他会给你一大捆稻子拿回家去呢！"

领头农民也马上接话："对对对，如果你肯说，我就给你一大捆稻子做奖励！保证多得你搬不动，如何？"

机灵的容闳马上心领神会，站在泥水齐膝的稻田里，将二十六个英文字母大声地朗诵了两遍。所有的人都驻足"聆听"，脸上洋溢着笑意，连声称赞。朗诵结束后，姐弟俩如愿得到了奖赏，几大捆的稻子重得两人都搬不动，不得不找来两个男孩帮忙，才能把稻子搬回家中。

　　容母看到儿女能带回如此多的稻谷，感到惊讶不已。等到她听完容闳讲完前因后果，疑惑变成了欣喜。本来已经筋疲力尽的姐弟俩，望着母亲舒展开的眉头，心里甜滋滋的。尤其是容闳，满怀欣喜，没想到在学校所学到的一知半解的英文知识，竟能派上用场，而且竟然这么有用！

　　拾稻穗的日子很短，只不过几天而已。就在容闳又为"失业"感到苦恼的时候，邻居又带来一个好消息。这位邻居是一名印刷工，在澳门一位天主教教士办的印刷所里工作。他对容闳的母亲说，传教士想找个略懂英文的男孩到印刷所工作。工作难度不高，只要能够正确辨认数字，把书页按照次序折叠好交给装订工人就可以了。

　　邻居对容母说："阿闳读过几年书，一定没问题的。"

　　容母深以为然，儿子年纪虽小，但是手脚勤快，也会读书写字，完全能够胜任这份工作。于是双方拟定合同后，容闳跟随邻居到了澳门，成为一名月薪四元五角的折页工。孝顺的容闳不敢乱花钱，每个月的薪水扣除一元五角的伙食住宿费用后，余下的三元都按时交给母亲。

　　在印刷所工作了四个月后，容闳的人生轨迹再次迎来了转折点。一天，容闳正在印刷所忙碌，忽然收到一封信。

　　容闳满腹狐疑，是谁会给他这个小孩子写信呢？拆开信一看，发现写信人居然是温施黛夫人的好朋友霍白生医生①。这位医生也是传教士，容闳在温施黛夫人那里上学时见过他数次，也与他相熟。

　　"难道霍白生医生想劝我去学医吗？"

　　容闳边想边读信，才发现自己猜错了。霍白生告诉容闳，温施黛夫

---

　　① 霍白生（Benjamin Hobson，1816—1873），英国人华传教士。又译合信。

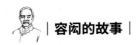

人离开澳门前，对聪颖乖巧的容闳念念不忘，希望他能继续学业。无奈容闳已经回到家乡，音讯不通。于是她便拜托好友霍白生，务必要把容闳找到。一旦马礼逊学校重新招生，便将容闳送去那里继续学业。

霍白生把好友的委托牢记心上。这几个月来他忙于行医，但一直没有忘记寻找容闳。好不容易打听到容闳的下落，便给他写信告知此事，并让容闳尽快来找他。巧合的是，霍白生工作的医院，与印刷所相距不过一英里。

容闳下班以后，便到医院去找霍白生医生。霍白生告诉他："马礼逊学校已经开学了。你赶快回家告诉你的母亲，要得到她的应允再入学。"

容闳点点头，医生又接着对他说："你尽快辞掉现在的工作，到我这里来工作一段时间，让我看看你为人品行如何。通过了我的考验，再介绍你入学。"

容闳回家禀告母亲这一消息，母亲却露出了复杂的神色。尽管孩子有机会继续上学是好事，可每月四元多的工钱对这个家来说是极为重要的收入。但容母终究是位深明大义的慈母，面对儿子渴盼的眼神，她终于还是点头了。

得到母亲的应允后，容闳便辞去印刷所的工作，来到医院，协助医生开展各项工作。他研磨药材，制作药膏药丸。当医生巡查病房的时候，他便端着托盘跟在霍白生医生身后，帮忙照顾病患。霍白生对善良、勤劳的容闳很满意，两个月后，他带着容闳来到马礼逊学校，拜见校长鲍留云①。

从此，容闳的人生又翻开了新的一页。

---

① 鲍留云（Samuel Robbins Brown，1810—1880）是鸦片战争前后由马礼逊教育会（Morrison Education Society）设立的马礼逊学校的校长，是容闳等人在该校学习时的教师和到美国留学的资助人。在不少涉及中西文化交流史的作品中，他的名字被按照译音写作"布朗"或"塞缪尔·布朗"。他在自己所编《致富新书》中署名为"合众国鲍留云"，故采用此译名。

# 5
# 重返校园

马礼逊学校是为了纪念传教士马礼逊而成立的。马礼逊在 1807 年来到中国，成为了基督新教在中国传教的开山鼻祖。1834 年他因病在广州去世，好友们计划成立"马礼逊教育协会"，筹办教会学校以纪念他在传教事业上的功绩。

1836 年 11 月 9 日，"马礼逊教育协会"正式成立。协会成立后便立即在澳门、广州筹募经费，倡议教育计划，鼓励图书、金钱等各项捐赠，题名赞助者 20 余人。其宗旨在于设立教会学校，使大清帝国的青年一代通晓英语、了解西方、认识基督教理、皈依上帝。两个月后，马礼逊教育协会致函美国耶鲁大学和"英国与海外学校协会"，请他们帮助物色与挑选适合前往中国主持开展教会学校工作的教师。

耶鲁大学向马礼逊教育协会推荐了毕业生鲍留云。鲍留云原在纽约聋哑学校任教，富有教学经验。1839 年 2 月，鲍留云夫妇抵达澳门，马上与理事会成员商量筹备创办教会学校的事宜，兼习中文。9 个月后，马礼逊学校正式开学，鲍留云被任命为该校校长。

在澳门办学 3 年后，马礼逊学校迁往香港，成为香港最早的教会学校。港督砵甸乍（Sir H. Pottinger）大力支持学校办学，把港岛东区一块土地拨给马礼逊学校作迁校校址用地。这块土地位于山上，海拔六百英尺，前有江海，后靠高山，风景秀丽。马礼逊学校的师生就在这环境优美的新

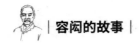

校园里开始学习。

马礼逊学校先后招收了四批学生。根据学校的招生记录，容闳的入学时间为1840年11月1日，是马礼逊学校在澳门招收的第二批学生。截至1844年，马礼逊学校招收的学生已达三四十人，并新建了课室、图书室、学生宿舍、运动场和教师住宅，设施完善，成为当时香港规模最大、声誉日隆的学校，申请入学的学生络绎不绝。

在优美的环境中，容闳在马礼逊学校度过了六年难忘的求学生涯。多年后，回忆起这段美好的时光，容闳对恩师鲍留云先生和助教麦克先生依然感念不已。鲍留云先生对待学生严格要求，又不失慈爱，对容闳尤其爱护。他给予他们基督教大家庭式的教育，把学生当成自己的孩子，给予他们亲密无间的信任，做他们最好的朋友，让学生觉得像在自己家里一样。容闳对此深有同感，虽然远离家乡，有时不免思乡情切，但是有师长的关爱、同窗的陪伴，在马礼逊学校的生活充满了温馨甜美的回忆。同时鲍留云先生性情沉稳，为人和蔼可亲，温文有礼，对一切都保持乐观向上的态度，他以自身治学严谨、勤奋好学的精神为学生树立了良好的榜样。

助教麦克先生虽然经验不足，但是富有教养，品质优秀，是一个充满热情、具有崇高理想的人。容闳在马礼逊学校接受系统的新式教育，又得遇良师，对他日后的前途理想影响极大。

鲍留云先生担任校长后，开拓进取，锐意改革，大力提升马礼逊学校的教育教学和管理工作。首先明确马礼逊学校的办学宗旨为"通过宗教教育、科学知识教育、中英文教育，把中国儿童培养成为相信基督、崇拜上帝、懂得外语、具有近现代科学知识的教徒和亲西方分子"。课程和教学内容围绕办学宗旨进行设置，潜移默化中，容闳逐渐形成信教思想和崇拜西方文明的思想。

学校开设中西课程，实行中英文双语教学。根据教育协会资料记载，在每天的课程安排上，一般是上午学习中文，下午和晚上学习英文。教学内容分为英文、中文、宗教和科学四大部分。中文课程教授四书五经等中国传统典籍，宗教课程讲授基督教《圣经》及其他神学课程，此外还有数学、算术、几何学、生理学、历史、地理、音乐、化学等自然科学知识。鲍留云先生担任校长后，加大了课程改革力度，提高文化科学水准，课程内容更加丰富，教学内容逐步深入，由小学程度升高到中学程度。

为方便学生将来在中国谋生，鲍留云先生非常重视中文教育，中文教师全部聘任广州、香港、澳门当地汉学功底深厚的儒师。从鲍留云先生关于中文教育的报告来看，学生已修好四书五经及诗词、书法、作文等课程，大部分学生"可以像在本地其他学校中学得一样好"。容闳是其中的佼佼者，各门课程成绩优异，能够熟练运用中英文进行写作，在耶鲁大学毕业时，他把典籍中的名言佳句写进临别赠言簿上，赠送给美国的同学们，在美国和后来回国后也多次以诗言志。由此可见，容闳拥有较深厚的中文根基。

在教学方法上，鲍留云先生和其他教师一改封建传统教育中主张死记硬背的陈旧教学法，采取形式多样、生动活泼的先进教学方式。他们运用图文并茂、讲故事、课堂讨论等教学形式，注重激发学生的学习兴趣，培养独立思考能力，使教学内容好懂易记，课堂气氛活跃。容闳回忆，鲍留云先生给学生讲解问题时，往往言简意赅，通俗易懂，学生很快就可以领会明白。

在中国的传统官学和私塾教育中，学生"两耳不闻窗外事，一心只读圣贤书"。而在马礼逊学校，鲍留云先生遵循青少年学生的身心发展特点和成长规律，制定并实行新的学校作息制度，在一天的教学时间内，八个小时用于上课学习，三四个小时开展体育锻炼或室内文娱活动，鼓励学生劳逸结合，张弛有度，合理的作息时间促使学生身体健康，保持旺盛精力。容闳和同学们也通过跑步、球类等各项体育活动，锻炼了强健的体魄，从而大大提高了学习效率和质量。

丰富的课程，生动的教学方式，彻底打开了容闳的思想和心灵，他如饥似渴地在马礼逊学校汲取知识的甘露，并开始对西方文明产生了朦胧的向往。

鲍留云先生虽然在生活上对学生仁慈关爱，但是在教育管理质量上严格把关。学校从开学到1841年11月，陆续有21名孩童到校注册，鲍留云先生按照常规对他们进行体、智、德、能四个方面的教学测试，结果有5名学生测试不合格，被勒令退学，这一学年只剩下16名学生就读。在英语教学的读、听、写训练中，鲍留云先生要求学生逐个过关，必须达到学习要求。在中文教学中，鲍留云先生也对中文教师严格要求，保证教学质量。

以上几个方面充分体现了马礼逊学校的办学特色，以及鲍留云先生的教育管理特色。由于教师采取科学的教学方法，学生勤奋学习，绝大部分学生都熟练掌握所学的知识技能，成绩优异，教学质量高。"他们当中大多数人在教学各门课程中的成绩，甚至达到了高一级中学水平。"[1]学生们的英语水平提高很快，使人感到"仿佛那些学生生来就是说英语似的"[2]，有一个学生花了不到15个月的时间，就把一本英文版的《西方经济手册》

---

[1] 《中国丛报》，第十五卷，1846（12）：第609页。
[2] 《中国丛报》，第十五卷，1846（12）：第608页。

翻译成中文，这说明学生的英文水平已经达到了比较高的程度。

为了展示学校的教学成果，1845 年 9 月 24 日，马礼逊学校校长鲍留云和教育会秘书裨治文邀请教育会其他成员和各界人士，到马礼逊学校参观公开考试。鲍留云先生听取教育会成员的意见，当即在众人面前举行一次英文写作考试，要求 1 班 6 名学生自选题目，用英文作文，在规定时间内完成并当场交卷。结果，包括容闳在内的 6 名学生，每人都自定题目并完成了写作，6 篇作品的题目分别是《幻游纽约之上溯哈德逊河》《中国政府》《劳动》《人生是一座建筑，青年时代是基石》《圣经》和《中国人关于来世的观念》，涉及政治、经济、文化、教育、人生观、地理、历史、宗教等方面的问题，展示出学生广博的知识，并且他们在英语词汇、文法、章句结构、段落安排等方面，都达到相当高的水平。特别是容闳的作文《幻游纽约之上溯哈德逊河》受到鲍留云先生的多次赞扬，在《幻游纽约之上溯哈德逊河》中，容闳结合鲍留云先生和其他教师对纽约的描述，展开想象的翅膀，运用优美正确的英文，描绘了想象中的世界大都会纽约"危楼摩天，华屋林立，教堂塔尖高耸云表"的繁华景象，表达了对这种所谓"天堂"般的生活的向往。后来这 6 篇英文作文都被刊登在《中国丛报》上。

# 6
# 别母出洋

1846 年冬天，对于马礼逊学校来说，是一个弥漫着忧伤气息的冬天。由于长期繁重的工作，鲍留云夫妻的身体每况愈下，只能返回美国进行治疗、调养。在临行前四个月，鲍留云在课堂上宣布了一个震惊全校的决定："我和妻子由于身体欠佳，准备暂时离开中国，回美国养病。但我对同学们感情很深，这次归国，我非常愿意携带三五名同学一同赴美，在美国继续深造完成学业，如果有愿意跟从我一起回美国的同学，请现在起立吧。"

顿时，课堂上鸦雀无声，孩子的心中充满疑虑，若有所失，不敢正面回答。鲍留云先生也黯然失色，不安地走出了教室。接下来的几天，每当谈论到鲍留云先生即将离校返美一事，学生们都感到闷闷不乐，唯有容闳、黄胜①、黄宽②三位同学，早已打定主意，决心跟随鲍留云先生赴美国深造。

过了几天，鲍留云先生在课堂上又一次讲解留学美国的好处，再次征求大家的意愿："如果有愿意跟随我赴美留学的同学，请起立！"话音刚落，一位同学马上站了起来，响亮、爽脆地回答："我愿意去！"同学们一看，不是别人，正是鲍留云先生的得意门生容闳。紧接着，黄胜、黄宽两位同学也先后起立，表示愿意跟随鲍留云先生赴美留学。鲍留云先生看着

---

① 黄胜（1827—1902），字达权，号平甫，广东香山县人。1847 年与容闳、黄宽跟随鲍留云夫妇留学美国。次年回国，后担任翻译。

② 黄宽（1829—1878），字绰卿，号杰臣，广东香山县人。1847 年随鲍留云夫妇赴美留学，1851 年赴苏格兰爱丁堡大学学医，获得医学博士学位。1857 年回香港开西医诊所，后迁至广州行医。

容闳、黄胜和黄宽，脸上露出了欣慰的笑容，但叮嘱三人必须先回家征求父母的同意后，才能启程赴美。

虽然容闳非常希望可以跟随鲍留云先生赴美留学，但是也不敢自作主张，于是赶快奔回家中，将此消息告知母亲。

他本以为，母亲仍会像当年支持自己到马礼逊学校读书那样点头应允。可是母亲这一次却表示了强烈的反对。容母眉头紧锁，无比担忧地对儿子说：

"阿闳，你爸爸去世前，再三叮嘱我一定要好好照顾你们兄弟姐妹几人，那个什么美国，那么遥远，你一旦过去，生死难卜，万一有个三长两短，我怎么对得起他啊？"

容闳上前拉着母亲的双手，恳切地说：

"妈，大鹏志在蓝天，好男儿志在四方。你们当年送我和哥哥去读书，不就是希望我们可以学有所成，光宗耀祖吗？与其我们一起留在家中继续挨穷挨饿，不如让我出洋闯一闯，说不定会闯出一条生路！"

容母听了容闳这一番话，内心陷入痛苦和矛盾之中，爬满皱纹的脸上淌下一滴滴泪水，但仍然摇摇头，劝说容闳：

"家里几个孩子，你最聪明勤奋，听话懂事。你这一走不知何年何月才能回来，妈真的舍不得呀！而且出洋必定花费不少，你也知道我们家的情况，只能勉强维持温饱，怎么有余力供你出洋读书呢？"

看着母亲极其痛苦的表情，懂事的容闳心里非常难受。但他不愿就此放弃，仍然渴望通过留学满足自己强烈的求知欲望。他跪在母亲跟前，小心擦去母亲脸上的泪水，苦苦央求：

"妈妈！虽然我要去往远方，但是家里还有兄弟姐姐在家侍奉您老人

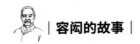
家，况且，哥哥快要娶妻，您很快就会有儿媳妇，也许很快还会抱到孙子，有兄嫂的陪伴照顾，到时弄孙为乐，您也不会寂寞。妈，您只要好好保重自己，等我学成归来即可！"

"钱的事情您也不用担心。鲍留云先生之前已经与校董会商量决定，我们出洋留学期间，会有资助人负担我们的学费和生活费，而且还会为我们的父母准备至少两年的生活费，让我们没有后顾之忧。"

容闳的话说到了母亲的心坎里。虽然容母依然充满了不舍，但是先前坚决的态度已经慢慢软化，于是他更加诚恳地安慰母亲：

"我到了美国安顿下来后，就会马上给您老人家写信，报告平安。过些日子，再给您寄些我在美国的照片，如果您想念我了，就拿出照片看看我的样子，这样不就等于天天见面了吗？我这次远行，关系到将来是否成才，能否实现大志，这也是爸爸的愿望呀！妈，您就让我去吧！"

容母看着儿子坚定的眼神，知道他的留洋决心无比坚定，想必挽留也挽留不住了，为了儿子的心愿和前途，终于勉强忍痛答应了儿子的请求，含着泪水对容闳说："阿闳，妈想通了，你不用挂心妈妈，你就放心出去吧！"

终于获得母亲的同意，容闳兴奋不已，晚上久久不能入睡。第二天一早，带着对家人的不舍和未来的憧憬，他迅速赶回马礼逊学校，把母亲同意他赴美留学的好消息告知鲍留云先生。

1847 年 1 月 4 日，"女猎人"号帆船从广州黄埔港扬帆起航，18 岁的容闳站在甲板上，望着岸边逐渐远去的亲人的身影，泪水模糊了双眼，但是抬头一看，白帆高挂，他想起了李白的诗歌"乘风破浪会有时，直挂云帆济沧海"，内心又充满了对未来的憧憬，他将前往那个曾出现在他笔下，想象中的遥远的国度，他将翱翔于知识的海洋，为心中的理想全力以赴！

第二章

# 负笈美洲

**1**

# 初抵见闻

1847 年 1 月 4 日，容闳、黄宽、黄胜随鲍留云夫妇搭乘"女猎人"号帆船启程赴美。伴随着强劲而平稳的东北信风，帆船从黄埔港出发，驶过南中国海，穿过马六甲海峡，一路顺风而行。

绕过好望角时，一阵风暴袭来，漆黑的夜里，狂风呼啸哀嚎，船的桅杆挂着电灯，灯影在狂风中摇曳，仿佛无数幽灵在身边飘荡。这幅凄厉的景象让容闳永生难忘，但是对于当时首次远渡重洋的 18 岁少年来说，一切都是新鲜有趣的。帆船绕过好望角进入大西洋后，风浪逐渐减小，顺利抵达了圣赫勒拿岛。在此，帆船停靠以补充淡水和食物，容闳一行则上岸游历。

圣赫勒拿岛是南大西洋中的一个火山岛，离非洲西岸 1950 公里，离南美洲东岸 3400 公里，在茫茫大海中孤单伫立。从船上遥望圣赫勒拿岛，眼前只有一片荒芜贫瘠的火山岩，寸草不生。可是当容闳一行人从山谷中的一座小镇詹姆斯敦登岸，才发现这里草木繁茂，风光明媚。更让他们感到惊讶的是，在这个远离大陆的小岛上，竟然意外地遇到了数名中国人，他们早年随着东印度公司的船来此，在各种机缘巧合下，最终在此地安家落户。

圣赫勒拿岛闻名于世，主要是因为拿破仑。1815 年 7 月 28 日，反法同盟把法兰西第一帝国皇帝拿破仑流放到圣赫勒拿岛，在度过了六年的流

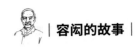

放生涯后，拿破仑于 1821 年 5 月 5 日病逝于这座小岛上，波澜壮阔的一生就此落幕。1840 年，他的灵柩被迎回法国巴黎，隆重安葬于法国塞纳河畔的巴黎荣军院。

在船只停泊之际，容闳等人上岛观光游览。在岛上参观了拿破仑的空冢，站在空冢前，容闳想起了关于拿破仑的事迹，想到作为曾经叱咤风云的英雄，人生最后的时光却只能在这座荒芜的小岛上孤独度过，心中唏嘘不已。

拿破仑的墓前有一棵高高耸立的柳树，清风吹拂，柳絮飘飘，不禁让容闳想起《诗经》中的诗句："昔我往矣，杨柳依依。今我来思，雨雪霏霏。"古人有折柳寄情、惜别怀远的风俗，容闳和鲍留云先生折下几根柳枝，带回船上细心栽培，然后带到美国。后来鲍留云先生又将它们带到纽约奥本学校，栽种在自己的住宅旁边。1854 年，容闳去参观奥本学校的时候，曾经幼小的柳枝已经长成了几株俊秀的柳树。

短暂游览圣赫勒拿岛后，容闳一行重新起程，航线转向西北方，在墨西哥暖流的助推下，风势平顺，1847 年 4 月 12 日，"女猎人"号帆船终于驶进纽约哈德逊河口。在历经三个多月的航行后，容闳终于踏足美国。

纽约在 1686 年建市，当容闳踏上纽约时，它仅仅建市 180 多年，但已成为美国重要的城市。独立战争期间，纽约是乔治·华盛顿的司令部所在地和他就任美国第一任总统的地方，也是当时的美国临时首都。19 世纪中叶，随着运河、铁路的建设，纽约的交通日益畅通，人口迅速增长，逐渐成为美国最大的港口城市和集金融、贸易、文化等于一体的国际城市。

容闳远眺纽约的繁华，想起了自己曾经的作文《幻游纽约之上溯哈德逊河》，他实现了自己的第一个梦想，就是踏上纽约，亲眼看看纽约的风貌。此后，他的内心还会萌发更多的梦想，在漫长的岁月里，他的梦想也将一一如愿以偿。

几天后，鲍留云夫妇带着三个孩子继续乘船到达纽黑文。在这里，容闳有机会参观了耶鲁大学并拜见了当时的耶鲁大学校长。当时的容闳完全没有料想到，几年后的自己竟然会从这所美国一流的大学毕业，并且成为了耶鲁大学的第一位中国毕业生。

离开纽黑文后，容闳一行人经过威哈斯角，到达东温莎。那里是鲍留云先生妻子伊丽莎白的故乡，鲍留云夫人的父亲舒贝尔·巴特利特教士是东温莎基督教公理会的牧师，老夫妇热情地接待了三位来自中国的客人。

容闳等人跟着巴特利特牧师到教堂参观，参加安息日祷告，三个中国男孩坐在教堂讲坛左侧的牧师专用靠背长凳上，在那个位置可以看到牧师的侧脸和全体会众，中国男孩们表面上保持着正襟危坐的姿势，实际上还是会忍不住偷偷观察那些洋人。那天，三名中国男孩成为教堂里全场瞩目的焦点，因为在东温莎小镇，很多人还是第一次见到中国人，到教堂参加祷告的中国人就更少了，因此在巴特利特牧师进行布道时，很多人还会不时扭头，充满好奇地悄悄打量他们。

容闳对巴特利特牧师夫妇怀有深厚的感情。巴特利特牧师宅心仁厚、做事谨慎，牧师夫人热情开朗、和蔼可亲，夫妇二人均和善好客，家中常常高朋满座，后来容闳在孟松学校和耶鲁大学求学期间，每逢假期或有空的时候就会前往巴特利特牧师家。

# 2

# 求学孟松

在东温莎逗留了约一周的时间，容闳与黄宽、黄胜前往马萨诸塞州的孟松城，并进入了孟松学校。那时美国还没有高级中学，孟松学校是新英格兰地区 ① 当时一所著名的预备学校，汇集了来自北美各地准备进入高等学府的青年才俊，容闳和黄宽、黄胜是孟松学校招录的第一批中国学生。

孟松学校的校长查尔斯·哈蒙特先生是新英格兰地区著名的教育家。他毕业于耶鲁大学，胸襟开阔且富有同情心，崇高的威望使当时的孟松学校声名远播。哈蒙特校长一直对中国怀有好感，对容闳与黄宽、黄胜三名远道而来的中国学生关怀备至，悉心教导，希望三人学有所成。

在孟松学校的第一年，三人被安排进入英语班，课程有算术、英文语法、生理学、哲学等。女教师丽贝卡·布朗小姐为人正直，乐于助人，热心教育事业。她与丈夫，马萨诸塞州的麦克林博士，对容闳极为热情，经常在假期邀请容闳到他们位于斯普林菲尔德市 ② 的家小住。在容闳日后的求学生涯中，麦克林夫妇也常常给予无私的帮助。当容闳经济窘迫，他们多次施以援手，帮助容闳顺利完成学业。容闳对此心怀感激，与他们保持了终身的友谊。1872 年，第一批幼童赴美留学时，容闳便将斯普林菲尔德

---

① 新英格兰（New England）是美国东北部的缅因（Maine）、佛蒙特（Vermont）、新罕布什尔（New Hampshire）、马萨诸塞（Massachusetts）、康涅狄格（Connecticut）和罗德岛（Rhode Island）这六个州的总称。

② 斯普林菲尔德（Springfield），又称春田市，是美国伊利诺伊州的首府。

作为大本营，租下麦克林夫妇家附近的房子作为出洋肄业局的办公楼，在工作闲暇时间他也得以经常与好友相聚。

容闳和黄宽、黄胜三人在孟松学校上学期间，鲍留云先生请自己的母亲菲比·布朗夫人（Ms. Phoebe H. Brown）作为三个孩子的监护人，照顾他们的起居饮食。由于老布朗夫人与孀居的女儿和三名外孙同住，没有多余的房间提供给三个留学生，因此容闳三人被安排到隔街的房子里居住。

离开祖国远赴重洋求学，三人都无比珍惜这个宝贵的学习机会，在隆冬时节，积雪三尺，住所离学校约半英里远，他们每天都需要冒着严寒往返三次。此外，虽然有资助人的帮助，当时美国的食宿费也比较便宜，包括燃料、灯和洗涤在内，每人每周只需要花费 1.25 美元，但他们依然坚持半工半读，利用课余时间从事一些兼职工作，自己收拾房间，冬季劈柴取暖等，这种生活让三人在应付繁重学业的同时，也得到了体育锻炼，有助于保持强健的体魄。

在孟松学校求学期间，老布朗夫人和蔼可亲，对容闳三人照料周到，容闳每每回忆起与老布朗夫人相处的日子，总是怀着无比崇敬的心情，称赞她的人品道德，感激她给予了三位独在异乡的男孩如同母亲般无微不至的关怀和照顾。

后来，黄胜由于身体欠佳，加上水土不服，在孟松学校就读一年后，不得已选择提前回国。黄胜后来在香港报馆供职，并成为著名的华人领袖。1873 年他跟随第二批留美幼童再度赴美，在中国公使馆担任译员。

在孟松学校的第一年，容闳并没有想过要进入大学深造。按照赴美前鲍留云先生的安排，资助人只给三人提供两年的学习生活资助，他们将于 1849 年底返回中国。

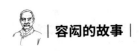 

但在孟松学校学习两年后，容闳和黄宽随着见识的增长，对知识的渴求也越来越强烈。那时候，两人常会讨论自己的未来。

终于有一天，容闳说："阿宽，我想留下来读书。"

就像当年第一个站起来回应鲍留云先生那样，容闳首先做出决定。

"阿闳，我也想继续读书。"黄宽点点头，他的回答同样坚定。

两个年轻的中国学生，在见过了大洋彼岸这个新生国家的强大与文明后，彼此心中都埋下了新的希望与信念。他们想要继续深造，想要学习更多的知识，更好地报效祖国。

于是，两人开始商量留学期限结束后的计划，争取留在美国继续求学深造。但是问题也随之而来，资助结束后，他们接下来的学习费、生活费怎么办呢？

容闳和黄宽首先向鲍留云先生和哈蒙特校长求助。两位师长都非常支持他们继续求学，于是立即帮忙联系两人在香港的资助人。资助人回复如果两人希望在1849年后继续深造，且愿意前往苏格兰爱丁堡大学（University of Edinburgh）完成医学或一门专业课程的话，他们愿意继续提供资助。

黄宽经过考虑，接受了这个建议，这一决定免除了他在经济上的担忧。而容闳还是希望可以继续留在美国，也许当年参观耶鲁大学时，就已经有一颗希望的种子埋在了他的心里，经过几年的学习，吸取了知识的养分，内心的愿望更加茁壮成长，进入耶鲁大学进行深造的愿望也愈加强烈，但是关于日后学习和生活费用的问题依然悬而未决，容闳的内心也是忐忑不安。

1850年，容闳和黄宽从孟松学校毕业，黄宽按照计划前往苏格兰，进入了爱丁堡大学学医。容闳送别黄宽的时候，两人眼中都闪着泪光，依依不舍。他们是香山同乡，从 1840 年开始一起在澳门马礼逊学校上学，后又一同随校迁往香港读书，再一同跟随鲍留云先生到美国留学，同窗十载，风雨同舟，互相勉励，感情甚至比亲兄弟更加深厚。

此时两人即将各奔东西。容闳边挥手道别边对好友说："阿宽！你要做个好医生！"

"阿闳！你也要加油！"

黄宽的声音渐渐远去，容闳却依然站在原地没有离开。尽管知道分别是暂时的，可心中难免失落。但他想起两人谈论未来时，黄宽眼中的光芒，这让他相信，只要他们继续前进，终会相聚于报效祖国的大道上！

黄宽在英国苦读七年，完成了医学专业的学习课程，成为中国第一位留英学习西医并获得医学博士学位的人。他于 1857 年回到阔别近十年的祖国，由于医术精湛，医德高尚，成为广州名医，被外国侨民称为"好望角以东最好的医生"，深受中外人士的尊敬和爱戴。

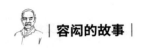 

# 3
# 梦圆耶鲁

送别黄宽，容闳独自一人在美国求学。想到身边的伙伴一个个离开美国，他不免感到孤独。可是他总会想起和黄宽相互鼓励的话语，想到心中报效祖国的愿望，就告诉自己一定要坚强。只要怀抱坚定的信念，付出百分之百的努力，梦想一定会照进现实！

功夫不负有心人。在1850年，容闳付出了极大的努力，终于顺利从孟松学校毕业，准备投考梦寐以求的耶鲁大学。可在进入耶鲁大学前，悬而未决的学费问题成为他最后的拦路虎。

容闳只好再次向鲍留云先生和哈蒙特校长寻求建议和指点。他们提到孟松学校董事会掌管有一笔专门资助贫苦学生的应急基金，建议容闳可以尝试申请。但是如果要申请这笔资助，要求受领者必须签订誓约，保证学成后愿意成为一名传教士。

容闳思索良久，他想："虽然我很贫穷，但是我绝对不能为了摆脱贫穷就违背自己内心的责任感，以换取暂时的物质利益。"最后还是拒绝了这笔资助。他向董事会解释原因：因为他当时已经对未来的择业方向进行了认真思考，决心要以爱国救国作为择业的根本标准。他认为传教士的职业范围比较狭窄，并非最好的服务祖国的方式，而且成为传教士还会妨碍和限制发挥自己的作用，他需要行动上的完全自由，以便利用一切机会为祖国谋取福利。

鲍留云先生和哈蒙特先生理解容闳的苦衷，也十分支持他的决定。但是拒绝了校董会的资助后，意味着容闳在此陷入前途无望的境地。鲍留云先生不忍心看到爱徒的梦想就此折翼，因此积极为他奔走，寻求资助。

1850 年夏天，鲍留云先生在拜访佐治亚州萨凡纳城的妇女协会时，向协会成员谈起了容闳的事，以及学习经费问题。会员们被容闳勤奋求学的精神感动，也非常同情他的遭遇，当即表示愿意资助他的学费。

鲍留云先生赶紧把这个消息告诉容闳。当听到这个好消息时，容闳欣喜若狂，压在心头的那块沉重的石头终于落地了，真是"山重水复疑无路，柳暗花明又一村"！

容闳马上鼓起勇气南下纽黑文，参加耶鲁大学的入学考试。当时的容闳只学习了十五个月的拉丁文、十二个月的希腊文和十个月的数学，因为当时孟松学校旁边正在修筑铁路，因此学校暂时停课，备考也不得不中止了一段时间，作为一名留学生，在语言和学习水平上，本来就与班上的同学存在一些差距，相比班上大部分同学的考前准备，容闳认为自己还是相差甚远，因此虽然容闳苦心备考，但是在考试前他的内心还是非常忐忑不安。幸好功夫不负有心人，容闳还是如愿考上了耶鲁大学！

1850 年秋天，22 岁的容闳，正式成为耶鲁大学第一名中国学生。走进耶鲁大学，古树参天，绿草如茵，良好的学习条件让容闳得以尽情翱翔于知识的海洋中。他从来没有想到，当年在南屏小村庄出生成长的小男孩，竟然有一天会站在大洋彼岸的世界名校里，回想自己一路走来的幸运与坎坷、付出与收获，容闳觉得百感交集。

但是，进入耶鲁大学只是学习上的新起点，置身于世界名校，容闳要付出更多的汗水与努力。由于入学前他的基础知识不够扎实，又要考虑生活费的问题，这让刚刚踏入耶鲁大学的容闳倍感压力。

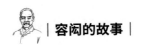

大学一年级的时候，为弥补知识缺漏，容闳抓紧一切时间用功学习，奋起直追，整个学年每天都要苦读至深夜十二点，基本没有时间参加娱乐活动和体育锻炼。如此刻苦的学习对容闳的健康产生了影响，使他精神不振，身体不适，不得不请假到东温莎进行一周的休养。

经历这场大病后，容闳深深体会到强健体魄的重要性，他决心在勤奋学习之余还必须积极加强体育锻炼，赛艇比赛当时在耶鲁大学非常受欢迎，于是他参加了学校"辛利亚划船俱乐部"（The Thinlia Boat）的"威风"第一小队，由于他出色的能力，队员们还亲切地称呼他为"亲爱的容闳"（Dear Younge Monsch）。此外，他还参加了耶鲁大学的美式足球比赛，其间表现突出，同学们称他"化身为耶鲁校园中传奇的足球英雄"。

大二的时候，容闳在学业上面临了一个大难题，就是碰上了他最不擅长的数学，尤其是讨厌的微积分，更是让他几乎挂科，以致他总是担心自己会因此而留级或被开除学籍，幸好最终在苦读下，容闳还是勉强通过了第二学年的考试。

数学学习让容闳焦头烂额的同时，在英文写作上他却如鱼得水。作为留学生，他两次在学校英语作文比赛中，在以英语为母语的学生中脱颖而出，获得一等奖，这些荣誉使容闳扬名校内外，让人刮目相看。

但是容闳并不因此而骄傲自满，反而更加强烈地意识到自身的不足，为自己的数学成绩不佳而感到羞愧。他下定决心必须加倍努力学习，而在刻苦学习的同时，容闳也在不断思考，到底选择何种专业才能够更加有利于祖国的发展呢？1852年，他在给当时在华的美国传教士卫三畏的信中写道：

> 如果我能活到1854年夏天，我将得到B.A.学位（即文学学士学位——笔者注），然后我将回国，再去考虑我的职业。

关于我的职业，我尚无决定。但有一事可确定，我将去学农业化学，也可能去学内科和外科医学，对于一个决心为国家效力的人来说，各种不同学科，都是一样重要。分门别类，因此，实在难于抉择。

容闳在学习上异常刻苦，几乎放弃了一切业余娱乐，甚至连给朋友回信的时间也几乎没有，1851 年 10 月 22 日容闳收到卫三畏的来信，但是直至 1852 年 12 月 30 日他才回信。他在信中提到了自己的大学生活，"所有事情都按部就班，学业占用了全部时间"，"课程鞭策学生，除学习之外毫无闲暇顾及其他"，由此可见容闳的大学生活确实忙碌而充实。

虽然在经济上有了萨凡纳妇女协会和纽约奥利芬特兄弟的资助，但是容闳还是积极谋求自立。

容闳留美期间，正是大学兄弟会社团的盛行时期，因此容闳也加入了耶鲁大学兄弟会（Brother in Unity），这个兄弟会的主要目标是"通过司法辩论的学习和演练、作文和朗诵练习、在限定时间内写就演说稿和诗歌来提升会员的知识，并培养成员之间的社交和友谊"[1]。容闳被吸纳为成员的主要原因很有可能是他曾经两次在英语作文比赛中获得一等奖。兄弟会有自己的图书室，非常重视图书的搜集和管理，容闳加入兄弟会后，成为了兄弟会的图书管理员助理，大学四年级时又成为图书管理员，可获得每月三十美元的薪酬。在担任图书管理员期间，容闳还借此广结师友，让他对美国的方方面面都有了更加广泛深入的了解。

另外，在第二学年结束前，容闳成功获得了由二、三年级学生组成的

---

[1] Brothers in Unity, *Catalogue of the Society of Brothers in Unity*，Yale College，1854，p..4.

伙食俱乐部管理员的职务，该俱乐部共有二十名成员，他主要负责采购事宜，并担任食堂服务员，因此他挣得了大学后半学期的食宿费用，这些收入大大减轻了容闳经济上的负担。

在应对繁重学业的同时，容闳勤工俭学，对一切开销精打细算，量入为出，当时绝大部分乡村牧师的年薪大概是两百至三百美元，已经足够负担家庭的花销，因此容闳的各种收入足以应对他在学习和生活上的所有花销，还有一些爱心人士不时给他捐赠一些衣物。1852 年，在鲍留云先生的安排下，为了生活和学习的便利，容闳加入了美国国籍。

在耶鲁大学的生活繁忙而充实，但是容闳对家乡的思念却是有增无减，1853 年 6 月 27 日，容闳托人带信给卫三畏，信中说："去年冬天我曾托人带给你 30 美元，不知道你是否收到？如收到，请把其中 25 美元交给我的母亲，如母亲不幸辞世，这笔钱可由姐姐和兄长均分。"

当时通信不便，经常需要托人传达，因此信件转达周期极长，容闳曾在信中焦虑地说："我已经有好久未得到家中消息了，所以我甚至猜想我的友人之所以没有来信，是由于他们不愿让我知道有关母亲的任何情况，或许不敢告诉我母亲已不在人间，请写信告诉我一切重要的事情。"信中还重申："我一毕业就回中国，因为我急于归来。我在外已经太久了。请把我的情况告诉所有我的熟人。"

1853 年，在耶鲁大学学习期间，容闳曾用英文翻译一段偈语①：

　　有朝有日霜雪下，

　　There is a morning and a day when forest and snow fall,

---

① 此偈语来自耶鲁大学图书馆藏 "容闳文书"，为容闳用英文所译。

善似青松恶似花，

The good resembles the evergreen, the wicked resembles the flowers,

自见青松不见花，

We only see the evergreen, look not the flower,

古人说"岁寒，然后知松柏之后凋也"，容闳以诗言志，以青松自喻，面对生活中的千难万险，他始终以百折不挠的决心积极应对，毫不退缩，这种坚定的信念贯穿了容闳的一生，在日后波涛汹涌的人生道路上，无论遇到多少艰难险阻，他始终勇往直前。

通过四年的刻苦求学，容闳在耶鲁大学的各门功课都获得了优异的成绩，1854年，容闳被授予文学学士学位，成为近代中国第一位毕业于美国高等学府并获得学位的中国留学生。

在耶鲁大学1854届毕业生中，共有98名毕业生，作为有史以来第一位毕业于美国一流大学的中国籍学生，容闳自然备受关注，同时由于他表现突出，多次荣登全校光荣榜，得到了耶鲁师生的高度赞扬，当时美国纽约、康州的几家报纸也刊登了容闳的相关报道，赞誉他为"来自古老中国、拖着长辫进入耶鲁大学的第一位学士"，在当时的美国社会传为佳话。

毕业照中的容闳，时年26岁，风华正茂，身穿西式服装，发型是当时流行的齐耳卷发，眼神坚毅，目视远方，对未来充满了雄心壮志。据说，毕业典礼当天，很多人慕名而来，就为一睹这位中国毕业生的风采。其中有一位居住于哈德福特城的布什内尔博士（Dr. Bushnell）曾经在报纸上看过容闳关于中国问题的文章，对他的才华印象深刻，于是布什内尔博士特意在毕业典礼当天赶到耶鲁大学，希望与容闳相见。初次见面，容闳的羞涩给布什内尔博士留下了深刻的印象，但是随着交谈的深入，容闳与

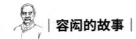 

布什内尔博士相谈甚欢。

　　作为当年耶鲁大学98名毕业生中唯一的一名中国人，容闳与同学们同窗四年，结下了深厚的情谊，离别当前，依依不舍，大家互赠毕业留言，寄托美好的祝愿。容闳在耶鲁大学期间交际甚广，一方面是由于担任食堂管理员和图书管理员，与同学们接触的机会很多，另一方面也由于他性格随和、热情友善，又勤奋努力，因此与美国同学都相交甚好。据著名历史学家、华中师范大学章开沅教授的统计，共有92人为容闳写了毕业赠言，那些赠言热情洋溢、情感真挚，无不表达出对容闳的钦佩和称赞。举例如下：

容闳友：

　　我想我们的生命将要远隔万里。你的生命将献给你的祖国，而我的，命运如何安排，可能只有天知道。但无论我们相隔多远，命运多么坎坷，回忆我们在耶鲁的相识和经历都会带来快乐。请接受我的敬意和祝福。

你忠诚的，

刘易斯·W.福特

　　再见吧，交往了四年的友人——寥寥数行难以写尽过去的美好时光，亦难表达对你未来的美好祝愿。但回忆在姓名中呈现，祝福在文字里蕴藏。我们永远为中国同学而骄傲和欣喜，而我也希望身在遥远天朝的你不会忘记我。你掌握着知识的力量。用它来帮助你的国人和全人类吧。上帝与你同在。

你的朋友和同学，

W.C.弗莱格

容闳友：

迄今为止，你都没有虚度时光，你的成就要比你同辈大多数年轻人大得多。我相信，通过努力运用你的无尽天赋，能够贡献良多，声名卓著，为耶鲁1854届学生争光。无论你未来选择从事什么工作，我都衷心祝愿你成功、快乐。

你的朋友和同学，

詹姆斯·E.若英斯

毕业前夕，容闳也为他的美国同学留下了情真意切的毕业赠言，但目前只发现了七则，大部分的赠言或已消散在历史长河中。这七则赠言极具中国传统文化特色，如"大人者，不失其赤子之心""有志者事竟成""礼之用，和为贵"等，而且这些赠言大多用毛笔书写，笔迹清晰，书写工整，即使去国离乡，中国传统文化仍然在容闳身上留下了深刻的印记。

寓意深厚的毕业赠言既是容闳对同学们的美好祝愿，更是他内心的真实写照。"大人者，不失其赤子之心"，容闳作为耶鲁大学的毕业生，才华横溢，如果愿意留在美国，必然可以轻易谋取一份待遇优厚的工作，但是站在人生的十字路口，容闳始终牢记自己对祖国的赤子之心，毫不犹豫地选择回到苦难深重的祖国。

与容闳相识多年，交往密切的牧师推切尔[①]于1878年4月10日在耶鲁大学法律学校肯特俱乐部发表演讲，其中有一段内容也提到了容闳坚定的报国志向。

---

① 推切尔牧师（Rev.Joseph H. Twichell，1838—1918），亦翻译成吐依曲尔、杜渣，容闳的挚友。1855年考入耶鲁大学，与鲍留云认识，可能是经鲍留云介绍与容闳相识。1865年推切尔牧师派驻哈特福德避难山公理会教堂宣教。1871年起，容闳先后组织了四批幼童赴美留学，常驻哈特福德，亦成为推切尔牧师所在的避难山教堂成员。容闳的婚礼和丧礼，均由推切尔牧师主持。

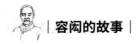 

　　容毕业时受到了莫大的劝诱以改变他的终生打算。他居留美国已久，具备了归化的资格。事实上，他已经是一个美国公民。无论是从理智上还是从道义上说，他的一切兴趣、情感和爱好，使他觉得在美国如在故乡。而且，由于他的毕业引起人们的注意，一个很有吸引力的机会向他开放了：只要他乐意，他可以留在美国并找到职业。另一方面，对他来说，中国反倒像异乡，他连本国语言也几乎忘光了。而且在中国没有什么需要他去做的事。那里除了平凡的亲属以外，他没有朋友，不会给他任何地位和照顾，可以说，没有他立足之地。不仅如此，考虑到他曾经所待之地、他的变化和他将来的打算，他在他的人民中不可能不遇到歧视、怀疑和敌意。他的前景是恐怖黯淡的。回去的想法就是去异乡流浪的想法。他非常想留在美国。但是他说，这时《圣经》上有条经文，就像上帝的声音一样在他的耳边萦绕回响。经文上说："不论是谁，如果不为自己，特别是不为自家人作打算，他就是否定了教义，因而比异教徒更坏。"在容闳的心目中，"自己""自家人"这些字眼意味着孕育他的祖国。这条经文得胜了。

　　毫无疑问，虽然多年来在异国求学生活，但是容闳的内心依然无时无刻不牵挂着祖国。尤其是在耶鲁大学的最后一年，中国的可悲境况经常浮现于他的脑海中，每当意志消沉的时候，他常常陷入苦恼中，幻想如果自己没有接受过教育，可能此刻就不会如此痛苦，因为教育提升了一个人的精神追求和道德境界，了解的事物、道理越多，承受的痛苦也越多。可是承受痛苦的同时，容闳依然满怀抱负。他在耶鲁大学接受了完整的美式高等教育，在这个过程中，他的思想不断深化，理想逐渐形成，当时的他暗暗下定决心：我要让中国的下一代也有机会接受与我同样的教育，我要通过西方教育，让中国复兴，实现开明和富强！

　　这一目标就如茫茫大海中的灯塔，指引着容闳在未来几十年的命运浮沉中，牢牢把握住人生的方向盘，始终为实现这一目标而劈波斩浪，勇往直前。他自身的成长道路在一定程度上正是将来实施幼童留美计划的缩影。

# 4
# 学成归国

在耶鲁大学毕业前夕，容闳的内心是复杂的。他原本准备在美国再度过几年，学习一门自然科学课程。当时由诺顿教授主持的谢菲尔德科学学院①刚刚成立，容闳曾经在此学习过测量学。当时的中国正陷于水深火热之中，他一直密切关注国内的情况，认为多学习一门实用科学，能够更好地为祖国服务，进而更快地推进实现理想目标的进程。

但是资助者的资助到容闳大学毕业后就会终止，在耶鲁大学的兼职在毕业后也无法继续。如果没有其他的经济来源，容闳根本无力负担接下来的学习费用。朋友们也跟容闳分析，当时的他已经加入美国国籍，如果大学毕业后仍然继续留在美国，难免遭人误解，认为他不愿意回国。即使将来回国了，恐怕也很难谋取发展。在种种原因的驱使下，容闳选择了毕业后即返回中国。

满怀着热烈的报国心，容闳终于启程返回阔别近十年的祖国，1854 年11 月 13 日，容闳搭乘"尤里克"号快速帆船正式启航。同船的乘客还有1845 年来到香港马礼逊学校接替鲍留云牧师执教的教员威廉·艾伦·麦希牧师，他当时再次受美国教会的派遣赴华传教，两人是"尤里克"号上仅

---

① 谢菲尔德科学学院（Sheffield Scientific School），也译作雪费尔专门学院。1847 年成立，初期名为耶鲁科学院（Yale Scientific School），1861 年因铁路大亨、慈善家约瑟夫·谢菲尔德捐建一栋建筑和 13 万美元而更名。现已并入工程与应用科学学院。

有的两名乘客。

帆船经好望角东行，冬季是一年中这条航线最坏的季节，航行的过程中，船常常上下颠簸、左右摇摆，就像一名上船前刚刚喝过酒的水手。历时一百五十四天，航程约一万三千海里，终于从美国颠颠簸簸到达了香港，就如容闳所说，这是他"有生以来所经历的最乏味、最令人厌倦的旅程"。

当船慢慢驶进香港，一位中国的领航员来到船上，由于船长不会说中文，他只能请容闳去询问一下这位领航员，附近是否有危险的暗礁和浅滩。但是当时容闳久居美国，在黄宽离开美国后更是极少有机会使用汉语，面对"暗礁"和"浅滩"两词一时竟不知道如何翻译。所幸那名中国领航员熟悉英文，但是船上的其他人都纷纷打趣容闳，说他作为中国人竟然不会说中国话。对此，容闳感到羞悔难当，暗暗下定决心回到中国后一定要好好补习中文！

当踏上香港土地的那一刻，容闳终于回到了阔别多年的祖国母亲的怀抱。尽管如今的香港与他当年离开时已经有了天壤之别，但是熟悉的感觉不会改变，那就是回家的感觉。

容闳到达香港后首先前往拜访在孟松学校读书时曾经资助他一年多时间的香港《德臣西报》老板安德鲁·肖德瑞先生。在香港短暂停留后，容闳马上奔赴故乡南屏村。

阔别家乡将近十年，在这漫长的岁月里，容闳无时无刻不记挂着家中的母亲和兄姐，多少个传统佳节，异国他乡的夜晚，容闳遥望天上的月亮，想象着与家人重聚的喜悦。故乡的容母更是天天翘首以盼，却只能在梦中与远方的儿子相见，每天虔诚地烧香拜佛，祈求儿子早日归来，母子

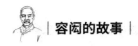 

团聚!

1855 年 4 月 19 日，离南坪村越来越近了，眼前的一切都是那么的熟悉又陌生。容闳原本急促的步伐渐渐放慢，内心既期待又忐忑，他心想：这就是所谓的"近乡情更怯"吧？

容闳凭着记忆，摸索着走到家里的房子前，他深深吸了一口气，缓缓伸出手，轻轻地推开大门，仿佛推开了一扇穿越时光的大门，母亲就如当年一样，永远在家里慈爱地等待着自己的子女归来。当身穿西式服装，蓄着胡须的容闳踏进家门时，容母第一眼甚至认不出眼前的英俊青年，直到容闳喊出一声："妈，您的阿闳回来了！"随即"扑通"一声跪在母亲的面前，容母才知道，她翘首以盼的儿子终于回来了！两人紧紧相拥，泪流满面，激动之情无以言表。

待情绪慢慢平复后，两人并肩而坐，容母轻抚容闳，在母亲轻柔的爱抚中，容闳深深感受到她积存了近十年的母爱。

容闳知道母亲对他在美国的生活非常关心，于是马上向母亲一一述说："妈，我刚刚结束了长达五个月的旅程，这段航行过程实在是漫长又烦闷，但是幸好一切顺利，没有遇到任何危险。我在美国求学八年，这期间非常幸运，所到之处都遇到很多良师益友，待我仁厚慈爱；而且我一直身体健康，从来没有遭遇过什么大病。在这八年时间里，我一直专心致志攻读学业，并且考上了耶鲁大学，这是美国最好的大学之一！"

紧接着容闳拿出了一张羊皮纸，向母亲郑重展示，他对母亲说："妈，您看，这是我的耶鲁大学毕业证书，如今我毕业了，获得了学士学位，这相当于中国的秀才，耶鲁大学毕业生的头衔在美国也是一件极为荣光的事情，何况在中国呢，如今我终于学成归来，一定会好好报效国家！"

　　容母不认识字，轻轻抚摸着眼前的羊皮纸，问容闳："儿呀，这羊皮纸竟然如此贵重，那它值多少钱呀？"

　　容闳知道母亲不能理解这个文凭的实际价值，但他还是耐心地向母亲解释："妈，知识就是力量，它并不能马上换得很多金钱，但是它的价值比金钱更加珍贵，它可以帮助我比那些没有接受过教育的人更快地获得谋生的机会。我是耶鲁大学第一个中国毕业生，所以您也光荣地成为了第一个毕业于美国一流大学的中国人的母亲，这是很大的荣誉，您以后大可在别人面前炫耀这一点。您劳碌了一辈子，如今我回来了，一定好好侍奉您，让您安享晚年！"

　　虽然对儿子的话半懂不懂，但是见到久别的儿子，容母还是感到莫大的欣慰和满足。容母细细端详着容闳，才发现他蓄着胡须，按照当时南方的习俗，未婚的男子是不能蓄须的，于是她对容闳说："我看你现在留着胡子，你的哥哥比你年长那么多，都还没有留胡子呢，你还是去把它剃掉吧。"

　　容闳马上听从母亲的话，把脸剃得干干净净。当他重新走进房间时，容母非常满意地朝他微笑，她很欣慰，虽然容闳接受了多年的西方教育，但是他并没有完全变成一个"红毛鬼"，依然牢记恭敬孝顺的奉亲之道。

第三章

**上下求索**

# 1
# 重拾汉语

　　容闳终于回到了阔别多年的祖国，在家乡短暂停留后，为重新学习汉语和广州方言，1855 年夏天他前往广州进行学习。在广州，容闳和美国教会的传教士沃曼牧师一同居住。牧师所在的机构总部在"咸虾栏"，位于广州城西南郊，邻近珠江边，官府的刑场就在附近。

　　经过半年时间的学习，尽管还有一些结结巴巴，但容闳已经能够比较熟练地使用广东话，中文书面语水平也逐渐提高。

　　在广州的半年里，容闳深切感受到时局的混乱。1842 年鸦片战争结束后，中国迅速沦为半殖民地半封建社会。鸦片贸易猖狂，残害百姓身心，加上不平等条约的签订，广州、厦门、福州、宁波、上海五个通商口岸城市的开放，使中国的小商品经济遭受严重摧残，种种暴行给中国百姓带来了深重苦难。

　　走投无路之下，百姓只能走上造反之路。鸦片战争后，大大小小的农民起义此起彼伏，终于酿成了声势浩大的太平天国运动。

　　太平天国运动席卷全国各地，清政府恐慌不已，调动兵力进行镇压。两广总督叶名琛奉诏"剿捕"起义军，派兵在广州城内外大肆搜捕，疯狂镇压，清兵焚烧杀戮，甚至把当时城南永清门外的一片空地① 作为行刑场。仅 1855 年夏天，就有 7.5 万人在刑场被残忍屠杀，其中大部分是未曾参加

---

　　① 今北京路与万福路交汇处。

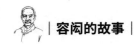 

过起义的无辜百姓！

　　容闳的住所距离刑场只有半英里的距离，有一天，他出于好奇前往刑场，顿时被眼前的场景震惊了，这是一番怎样惨绝人寰的景象啊！尸横遍野，鲜血横流，车道两旁形成了一座座无首尸体堆成的小山，尸体暴露在烈日之下，无人问津，广州夏日的高温使尸体迅速腐烂，散发出令人窒息的恶臭，周边甚至存在瘟疫传播的危险。

　　容闳从刑场回到寓所，满腔悲愤，愁眉不展，食欲全无，晚上躺在床上，一闭上眼睛，刑场尸山血海的情形就在脑海中浮现，内心思绪万千，难以成寐。清兵的暴行让人无比反感，他不禁想到太平军的起义会不会是正义之举呢，甚至产生了投奔太平军的想法。但经过一段时间的冷静后，他认识到自己的想法还是过于鲁莽了，自己对太平军缺乏深入的了解，贸然投奔并不妥当。一番思考后，还是决定按照原来的计划，首先竭尽全力提升汉语水平，按部就班，再进一步实现心中的目标。

## 2
# 艰辛谋职

经过一段时间的勤学苦练，容闳的汉语水平有了明显提升，已经恢复到能够顺利交流的程度。回国后，容闳一直思考应该如何实现自己的目标，但是当务之急，还是需要首先解决温饱问题。他希望能够获得一份既能维持母子生活，又能实现救国救民目标的职业。

1855 年，容闳在广州学习汉语的同时开始谋职，他请美国朋友歇去克可帮忙介绍一份合适的工作，于是歇去克可把容闳推荐给美国代理公使伯驾①担任秘书。

容闳在温施黛夫人的学校读书时便认识伯驾。伯驾同样从耶鲁大学毕业，也知道容闳是耶鲁校友，两人本应该可以和睦相处，可伯驾对他态度冷淡，给容闳的月薪仅有十五美元。尽管这份工作相当清闲，但是容闳不仅仅需要一份糊口的工作，而且期望能够通过工作接触到中国官员，让自己的能力被外界认可。

当容闳意识到这份工作既不能学到任何有用的东西，也不能扩展自己的交际圈时，便毅然辞职，结束了这段为期三个月的秘书生涯，赴香港另谋生计。

---

① 伯驾（Peter Parker，1804—1888），又译巴驾、帕克，美国马萨诸塞州人，是美国首位来华医疗传教士、广州博济医院创始人；1834 年来华，鸦片战争前夕的 1839 年为林则徐治疝气病。1844 年他担任美国特使助手，参与《望厦条约》谈判，1855 年任美国驻华全权公使，两年后卸任回国，1888 年在寓所去世。

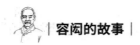 

　　在香港，容闳再次得到安德鲁·肖德瑞先生的帮助，成功在香港最高法院得到了翻译的职位。这个职位待遇优厚，每月可获得七十五美元的薪金，有了这笔收入，容闳备受鼓舞，这样一来，既可以解决生活的问题，又可以不受金钱的限制，专注于法律学习。

　　当时英国在法律事务方面，将律师分为两种，一种是法律事务代理人，负责为案件收集证据，抄阅公文，摘录整理辩护的材料，主要从事幕后法律工作，不能出庭公开辩护；另一种是辩护律师，主要从事出庭辩护的工作。

　　容闳听从肖德瑞先生的建议，从事第一种职务，跟随一位代理人学习，但是当时的容闳不知道，他的选择竟然惹来了一场祸端。

　　一方面，当时香港在英国的殖民管治下，英国人包办了香港的律师事务，完全不允许中国人插手相关的事务。但是容闳的入职，打破了这一不成文的规定，于是所有的法律事务代理人联合攻击容闳，在香港《中国邮报》之外的其他当地报纸上发表公开声明，如果允许容闳开展律师事务，其他人将收拾行装返回英国。实际上他们是担心如果让精通中英文的容闳加入律师行业，他势必会垄断有关中国人的法律事务，这样一来就会严重损害他们的利益，影响英国律师的饭碗，于是大家群起而攻之，极力阻碍容闳的法律学习之路。

　　另一方面，当时大律师安斯德希望笼络才能出众、精通中英文的容闳至其麾下，并欲利用职权为容闳打通一条成为律师的道路。结果容闳却坚持跟随普通律师帕森实习，这一行为激怒了安斯德，此后，容闳陷入了腹背受敌的境地，既要遭受英国律师们的攻击，又要忍受安斯德的百般刁难，他故意对容闳的翻译吹毛求疵，在工作上发泄私愤，常常让容闳处境尴尬。帕森律师也因为指导容闳的原因受到英国律师们的排挤，后来不得已与容闳解除师徒合约，不久后即返回英国。

容闳成为众矢之的，在多面夹攻下，处境艰难，最终无奈之下只能放弃香港高等法院的翻译之职。他深感在香港再无立足之地，也难以实现改造中国之志，于是愤而离开香港，直接北上，前往上海，寻找更大的施展才华的舞台。

1856 年 8 月，容闳乘坐来自美国波士顿的运茶船前往上海。鸦片战争后，上海是五个通商城市之一，随着对外贸易中心由广州向上海转移，外贸洋行也迅速在上海集中和拓展。洋行的数量快速扩张，上海变成了外国倾销商品、掠夺中国原材料的基地，也成为了无数外国商人的乐园。

为了进行掠夺性贸易，列强又在中国设立了金融机构。英、法、美、日、德等国分别在上海划定"租界"，列强在"租界"内自定法律，使中国政府不能管理自己的土地。1854 年，英、美、法三国各派出一名代表组成三人海关管理委员会，控制了海关税务管理权。

容闳踏足上海后不久，就在上海海关翻译处谋取到一份翻译的工作。这份差事的月薪为白银七十五两，相当于一百元墨西哥鹰洋，待遇优厚，工作内容简单，工作之外，容闳有充足的时间用于阅读、学习。但是，在正式入职前的三个月，实习期尚未结束前，容闳发现，这份工作原来并没有想象中那么简单，中国商人与海关的洋人、商人、买办、官吏互相勾结，营私舞弊，狼狈为奸，一派乌烟瘴气。洞悉真实情况后，容闳心想："如果我想保持清白的经历和免受玷污的品质，我就不能继续留在这里！"

面对这些恶习，容闳气愤不已，不齿与他们为伍，如果置身其中，就难以独善其身，于是他径直前往拜访海关总税务司李泰国，向他询问关于自己前程的问题："先生，如果我继续留在海关任职，通过我的努力和能力，我是否有机会晋升为税务司呢？"

海关总税务司李泰国用鄙视的目光扫视了一下容闳，高傲地说："先

生，对不起，所有作为翻译的中国人，都绝对不可能有这样的机会。"

容闳一听，无比愤慨，深感这种职场的不公平待遇就是英国殖民主义对中国人民的残酷压迫，于是立即辞职。在辞职信中，容闳义正言辞地提出质问："我与你们接受了同等的教育，如今我以中国人的身份为自己的祖国服务，为自己的同胞工作，为什么我不能享受与英国人同等的权利，没有机会成为总税务司呢？"

李泰国收到容闳的辞职信后，刚开始不批准他的辞呈，还极力挽留他，并将月薪提高至二百元鹰洋，企图以此吸引他留下，显然他认为容闳是以辞职作为要挟，目的只是为了获得一份更加丰厚的报酬而已。

但实际上，容闳把清白的声誉和诚实的品性看得比金钱更加重要，这些丑恶的现状与自己的远大理想背道而驰。他不愿意与这些人同流合污，玷污自己的名节，因此坚持辞职，主动放弃这份别人眼中的"优差"，结束了4个月的海关翻译生涯，决心另觅一份光明磊落的事业。

失业后，容闳待业在家，整天待在公寓里，看书学习之余，倍感寂寞无聊，他有时不禁陷入反思，在回国不到一年的时间里，已经三次改换职业，到底是因为自己自视过高不切实际，还是社会不公环境险恶？

纵使心有不甘，但是经过认真思考后，容闳始终认为人存活于世，不能像动物一样，仅仅为了基本的生存而日夜忙碌，一辈子碌碌无为。在漫长的人生旅途中，一个人大胆做梦，方有机会实现各种可能之事。回想自己过往的求学经历，也是历经艰辛，正因如此，更加应该将所学的知识充分发挥，造福全民，而不是只从自身的利益出发，唯利是图。自己不断地更换工作、改变职业，只是为了寻找正确的方向，尽快迈上实现目标的道路，真正造福国家和人民。

# 3
## 从商经历

　　离开中国海关后，经过一段时间的沉淀和思索，容闳重新振作，很快就在上海找到了新工作，在一家经营丝绸和茶叶的英国商行担任职员。工作过程中，容闳了解了许多经商之道，为此后事业的发展积累经验。

　　但是六个月后，因为商行的合伙人解散，容闳再次失业了，他就如大海中的一叶孤舟，漂浮于茫茫大海中，只能继续努力寻找新的方向。但在任职商行期间，发生了两件事情，让容闳感触颇深。

　　一个星期四的晚上，容闳刚参加完上海联合礼拜堂举办的祈祷会，在回家的路上，走到上海四川路的圣三一堂门前时，看到一群人，他们每人手持一盏中式灯笼，走起路来左摇右摆，东歪西倒，还一边唱歌一边呼喊，道路两旁的中国人被吓得惊慌失措，四处躲避。

　　容闳看到这个情景，马上明白了，原来是一群外国人喝醉了酒，在大街上发酒疯。容闳的仆人提着灯笼，走在前方，也被吓得转身躲避，但容闳依然保持冷静，并告诉仆人不用害怕，继续往前走就行。不一会儿，三四个醉汉突然走到他们跟前，从仆人手中抢走了灯笼，另一名醉汉甚至伸出脚，试图踢向容闳，但是他们醉得走起路来都踉踉跄跄，根本无法伤害到容闳。于是容闳继续镇静地往前走，但是后来他发现，原来这些醉汉当中，有些人并没有喝醉，他们保持着清醒的神志，故意跟在醉汉的身后，慢悠悠地欣赏着这场闹剧，看着同伴们借酒醉闹事，恣意欺负中

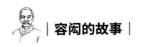

国人。

看到此情此景，容闳大为恼火，立刻上前与他们理论，告知他们自己的姓名和身份，并向他们询问抢走仆人灯笼和企图踢他的洋人的姓名，起初他们不愿意透露，后来容闳允诺不会找他们麻烦后，他们才告知容闳其中一人的姓名，原来这人就是当年容闳归国乘坐的"尤里克"号商船上的大副，而这艘船当时正寄管于容闳供职的商行。

容闳对这名大副欺负中国人的行径愤怒不已，于是第二天马上写信给"尤里克"号商船的船长，告知他大副借醉酒欺负中国人的行径，并要求他将信转交给大副。船长接到这封信后也大为震怒，怒气冲冲地将信交给大副，要求他立即上岸向容闳道歉。

容闳看到这位大副认错的态度还算诚恳，也不打算为难他，只是严肃认真地对他说："在中国的美国人都备受尊重，中国人对你们都是以礼相待，请你们也爱惜自己的身份，不要做一些伤害中国百姓的事情，避免既伤害中国人的感情，也损害你们自己的名誉！我写下这封信并不是想为难你，只是希望以此给你一个忠告。"

听完容闳的一番话，大副对自己昨晚的行为深感惭愧，也感动于容闳这种真诚的提醒，于是马上向容闳道歉，与他握手示好，还邀请容闳随他上船喝酒，交个朋友，容闳婉言道谢后离开。

最终，事情得到了圆满解决，容闳的沉着冷静，既坚决维护了中国人的尊严，又懂得运用智慧，灵活得体、合情合理地处理事件，从中也体现出容闳出色的外交才能。

后来又发生了一件事，但是这次事件的解决就没有那么和平顺利了。容闳任职的商行倒闭后，举行了一场家具拍卖会。在拍卖会现场，中外人士云集，热闹非凡，容闳也站在人群中，这时一名身高六尺有余，高大魁梧的苏格兰人站在容闳的身后，他将一串棉花球系在容闳的辫子上，以此取乐。容闳发现后，用礼貌的语言要求他停止这种行为，并将棉花球取下来。结果，这名苏格兰人故意充耳不闻，若无其事地将双手交叉胸前，态度傲慢。容闳马上摆出严肃的姿态，再次要求他取下棉花球。突然间，他趁容闳不备，挥起拳头就打在了容闳的脸上，容闳瞬间感到脸上火辣辣地痛。

容闳感到怒不可遏，顾不得双方身材的悬殊，朝他回击了一拳，这一拳下手之重，使得这名苏格兰壮汉的口鼻都鲜血直流。紧接着苏格兰壮汉又用双手抓住容闳的手腕，容闳正准备抬脚向他踢去时，商行的老板跑到两人的中间，费尽全力将两人拉开，这场争斗才得以平息。

这时会场内有人大声嚷叫："你还想继续打斗吗？"正准备离开的容闳听到这句话后，马上停下脚步，义正言辞地回答："不是我挑衅打斗，我的行为完全是出于自卫。是这位苏格兰人先做出冒犯我的事情，然后动手打我，我才被迫反击的！"在场观众纷纷称赞容闳勇敢反击洋人欺负的勇气。

那名苏格兰人被容闳痛击后，一直躲在家中，一方面是闭门养伤，另一方面是因为自己被矮小的中国人打败而感到羞愧难当。后来容闳的一位朋友告知他，当天，有一名英国领事馆的人员在场，目睹此事后曾评价："这名中国年轻人太冲动了，他受到不公的待遇后本来可以到英国领事馆公署状告这名苏格兰人。但是如今他进行了反击报复，这种行为太过分，道理就不在他这边了。"

这件事情发生后，在租界引起了强烈的反响，在上海租界，很多外国

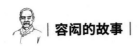 

人横行霸道，肆意欺负中国人的情况屡见不鲜，而大部分的中国人都选择了忍气吞声，默默受辱，不敢反抗，如今听闻容闳在租界英勇抗暴、维护中华民族尊严的行为后，大家纷纷称赞，广为传颂。

这件事情发生后，容闳也陷入了沉思。自从洋人在上海设立租界后，就常常借此侵害中国人的权益，凡是居住于租界内的中国人，都处于洋人的势力范围内，时常可以听闻中国人受辱于洋人的事件，但是从来没有听说过有中国人敢于与之对抗，捍卫自己的权利。这实在是因为中国人的个性过于和顺，每次受到洋人的无礼对待都只会选择忍让，不敢与之计较，以致很多洋人嚣张跋扈，自以为高人一等，对待中国人粗暴无礼。

而且由于大部分中国官员夜郎自大，思想顽固僵化，导致很多中国百姓依然受人侮辱。如果洋人以强权蚕食我们的国土，扩充势力，难道作为中国人也要听之任之？希望有一天中国教育普及了，人人都了解公共权利和个人权利的意义，这样当面对外人侵害自己的权利时，就一定会奋力捍卫。

英国商行倒闭后，容闳遭遇第四次失业。但他没有深陷气馁和沮丧中，因为他本来就没有打算一直从商。在过去的两年时间里，他的汉语水平有了显著的提高，因此这次容闳没有急于寻找新的工作，而是着手进行书籍翻译，以作为过渡阶段打发时间的方式。

虽然翻译工作不挣钱，但是却无意中打通了一条拓展交际圈的道路。通过翻译工作，容闳首先认识了上海一家著名商行的买办，这家商行的合伙人去世后，由于声誉卓著，由知名的中国商人草拟了一篇墓志铭，以示纪念。该商行挑选了两名翻译对墓志铭进行翻译，其中一位是当时英国总领事馆的翻译，另一位便是容闳。

　　结果，容闳的译文广受赞誉，并最终得到了商行总经理的认可。看到一位中国人如此精通英文，并能准确把握墓志铭的精髓，中国董事们也非常满意。这篇译文最终被采用并镌刻于墓碑上。容闳的名字再次流传于上海租界的中国人的谈论中，这次不是作为一名打败苏格兰人的中国人，而是作为一名毕业于美国高等学府的中国留学生。一文一武两件事，使容闳的知名度大大增加，人人称赞他为中国人增光添彩。

　　此后不久，又发生了一件事情，当时黄河泛滥，淹没了无数房屋、田地，苏北地区变成一片汪洋泽国，当地百姓流离失所，苦不堪言，大批灾民无家可归，聚集于上海或周边。上海的商界怜悯灾民，也想方设法提供援助，商界中有人认识容闳，听闻他的英文水平非常高，于是请他撰写一篇面向外国人募捐的通告，呼吁在上海的洋人慷慨解囊，捐款赈灾。心怀中国百姓的容闳当然义不容辞，马上着手精心撰写，这份通告很快就在上海当地广泛流传，不到一周的时间就募捐到两万多元的捐款，中国慈善会对募捐成绩非常满意。

　　容闳随后又以中国慈善会的名义向外国团体写了一封感谢信，致谢他们慷慨解囊的情谊，这封信刊发于《上海邮报》和《中国之友》上。此时，容闳在上海从事翻译工作尚不到三个月，就以其出色的翻译水平和正直善良的品质而被上海的中国人熟知，并广受称赞。

# 4

## 考察茶区

一段时间后，容闳的朋友曾寄圃将他推荐给宝顺洋行的经理韦伯。韦伯对容闳非常赏识，打算邀请他担任洋行在日本长崎分行的买办。但是面对洋行经理的再三邀请和丰厚薪水，容闳还是明确谢绝了，他认为买办虽然是一个肥差，待遇优厚，但是终究不够体面。

容闳非常珍视自己的名誉，他认为作为美国一流学府耶鲁大学的毕业生，如果担任买办，成为洋人的奴仆，会玷污了耶鲁大学的名声，不能为了赚钱而去担任此职。一个人为环境所迫，有时可能不得不暂时屈就，虽然目前自己也是囊中羞涩，但尚且没有沦落到这种境地。

容闳告知韦伯，他愿意作为洋行的代表，穿梭于全国各地，与其他商行的人员进行联系交流。

这次谈话过程中，容闳的朋友曾寄圃也在场，后来曾寄圃留下与韦伯进行商讨。据曾寄圃的回忆，韦伯对容闳的评价是："容闳虽然贫穷但是一身傲骨，十分自尊自爱。"几天后，曾寄圃告知容闳，韦伯已决定派他前往茶区进行考察，学习茶叶买卖的相关事务。

1859 年 3 月 11 日，容闳一行乘坐一艘名为"无锡快"①的中国式快船出发。经过三天的航行，他们抵达杭州，杭州作为浙江省的省会、历史文

---

① "无锡快"，据容闳在《西学东渐记》中的解释，是一种快艇，因在无锡所造而得名。

化名城，其深厚的历史文化底蕴和优美景致给容闳留下了深刻印象。在短暂的停留时间里，一行人游览了西湖，还参观了附近的钱塘江，容闳感叹风景之壮美，但当看到一些残破的建筑时，也忍不住慨叹战争对这座城市的破坏。

3月15日，容闳一行早晨5点即从江口登船出发，离开杭州，一路顺风而行，晚上10点，就到达一个名为"七里泷"①的地方，这里山清水秀，环境清幽，优美如画，别有一番情趣。

第二天，一行人早早就从七里泷起程，虽然遇上倾盆大雨，但还是顺利抵达兰溪。兰溪是浙江省重要的茶叶交易地，汇聚了湖南、湖北地区的茶叶，并从此地通过各种贸易网络输送至各地。这里还盛产火腿，风味尤佳，驰名国内。

在兰溪短暂停留后，天气终于转晴，他们在半夜十二点再次出发，乘船前往浙江省的衢州。

后通过陆地到达江西省的玉山，又改乘渔船，向西南航行，先后抵达江西广信（今属江西省上饶市）、南昌，从船上远远望去，南昌城景色壮丽，可惜因为短暂停留而无暇游览。随后继续向西南航行，4月15日抵达此行的目的地湖南省湘潭市。

当时湘潭市是国内著名的贸易中心，国外的商品从广州港口入境后，往往汇集于湘潭，再发往全国各地；同时湘潭还是中国丝绸茶叶的重要集散地，丝绸茶叶经此转运到广州，再出口海外，因此湘潭与广州商务贸易往来频繁，陆路运输量极大，至少有十万名运输工人往来其中搬运货物。

---

① 《西学东渐记》中写作"七龙"。

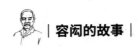 

随着战争的影响和不平等条约的签订，外国运输工具开始引进中国，中国的劳动力市场受到了极大冲击，不少挑夫的生活也难以为继。容闳一行在湘潭市分开，各自前往指定的产茶区采购生茶，然后打包装箱运往上海。

4月26日，容闳从湘潭向北行，次日到达湖南长沙。又经过十三天的航程，抵达华容。华容是盛产黄丝的地方，此行也需要考察当地的黄丝情况。华容当地的田园风光，让容闳连日来的旅程疲劳一扫而空，心情也豁然开朗。

但是华容当地不好找旅馆，好不容易才在一家丝行找到歇脚之处。结果才刚刚安顿好，就有两名地方保甲进来查问他们的身份，并记录下他们的名字和职业。幸好丝行的老板帮助他们向两名保甲解释，保甲了解到他们是诚实的商人后，方满意离开，不再打扰，容闳一行人才得以继续开展商贸工作。

容闳他们前来收购黄丝的消息一经传开，不少商家马上送来各种黄丝的样品，以供他们选购。经过将近半个月的采购，他们挑选了重约六十五磅的黄丝样品带回上海。

5月26日，一行人离开华容，经过十天的航行，于6月5日到达汉口，住在一家中国旅馆。当时正值夏季，武汉又是中国有名的"火炉"，天气炎热潮湿，他们投宿的旅馆地方狭小，空气不流通，闷得几乎透不过气来。

到达汉口后，也有三名地方治安管理员前来检查他们的身份，他们马上出示在华容购买的黄丝和包装上盖有华容到汉口沿途税卡的印章，才得以通过检查。

6月30日容闳离开汉口，于7月4日到达聂家市、羊楼峒，容闳在这两个地方停留了一个多月，全面学习了红茶的特性、加工、保存等方面的知识。经过这段时间的调查学习，容闳了解到当时的印度茶叶多采用机器制造，而中国茶仍然使用传统的手工制作模式，而且由于产地不同，茶的特性也不同，印度茶的浓度较高，味道浓烈；而中国茶味道清新淡雅，因此欧美和俄国的上层人士更青睐中国茶，而普通百姓和从事体力劳动者大多喜欢印度茶。

8 月下旬，各项工作已基本完成，容闳一行人决定返回上海。他们经汉口顺长江而下，到达九江后再绕行鄱阳湖，再按照 3 月时的路程原路返回。

此次考察行程从三月至九月底，历时近七个月，行经浙江、江西、湖北、湖南四省，实地调查了各个产茶区的种茶分布、茶叶特色、贸易往来、运输等具体情况，同时采购了大批茶叶商品。宝顺洋行的经理韦伯对此非常满意，同时也对容闳的办事能力给予了高度肯定。

这是容闳第一次在祖国大陆旅行，他考察了当地百姓的实际情况，大大开阔了视野，更加了解中国的民情国情。容闳深刻体会到当时中国百姓生活的苦难，也让他更坚定了要使国家变得文明富强的理想。

回到上海后不久，又有一名英国朋友邀请容闳到绍兴收购生丝。绍兴位于杭州西南方向，生产的丝质量上乘。容闳在绍兴待了约两个月，就因为患上疟疾而不得不中途停止工作。当时绍兴城与很多中国小城一样，卫生条件恶劣，污水横流，滋生出大量细菌，导致疟疾横行。幸好不久，容闳病情好转，刚能下床行走，他就立即离开了这个污秽的环境。

两次游历后，容闳的心情更加沉重。他深深体会到正是由于国家面临内忧外患，列强入侵，才为中国百姓带来如此深重的灾难，目睹此情此

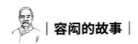

景，容闳感同身受，更加坚定了自己当初振兴中华、强国富民的决心，这种强烈的爱国主义情感，激发他更加积极寻求救国图强的道路。1860年，他前往拜访太平天国，探寻救国救民的新途径。

第四章
# 太平天国

# 1

# 访察内部

---

　　容闳在耶鲁大学学习期间，正值太平天国发动起义。运动在各地如火如荼地蔓延，容闳虽然身在异国，但始终心怀祖国，时刻关注着国内的时局动态。他于1853年7月27日写信给卫三畏，向他询问情况："请你立即告诉我这次革命的详细情况，我对他们所有的活动都非常感兴趣。"

　　后来学成回国后，1855年在广州补习汉语期间，他目睹了清朝大臣、两广总督叶名琛为镇压太平军而残杀无辜百姓的残忍行径后，对清政府的腐败无能更加深恶痛绝，因而曾经萌生投靠太平天国的想法。

　　1856年，容闳在香港担任法院翻译员的时候，与太平天国洪秀全的族弟洪仁玕有过交往。他们多次会面，并就时事政治进行讨论，两人都对清政府的昏庸无道愤慨不已。志同道合的两人相约有朝一日在南京相会。

　　1858年底，洪仁玕离开香港，1859年4月抵达南京。当时太平天国领导集团内部发生严重内讧，内部的权力斗争极大削弱了太平天国的革命力量。在这个关键时期，洪仁玕从香港回到南京，帮助洪秀全整顿朝纲，1859年，洪秀全封洪仁玕为"干王"，继而开展了一系列内政外交的改革，政局基本稳定。

　　容闳抵达上海后，得知洪仁玕也已返回南京，于是他打算到南京，一方面与洪仁玕叙旧，另一方面也打算进一步了解太平天国的性质，考察他们是否有能力推翻清政府，帮助他实现富国强民的理想。

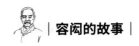 

容闳于 1860 年 11 月 6 日与英国传教士杨笃信、古路吉和中国同伴曾兰生一起从上海出发，前往太平军辖区的江苏一带和南京进行访察游历。

在路上，容闳看到沿途的农民在田间劳作，正为秋收繁忙，百姓生活一派祥和安逸。回想起去年在苏州时，当时苏州被太平军占领，导致上海租界内的外国人十分惊慌，担忧太平军占领他们的租界，租界内外均戒备森严，人心惶惶。幸好航行过程一路顺利，11 月 9 日清晨一行人便抵达苏州。

苏州是当时太平天国苏福省的省会。容闳一行进入苏州，到达太平军的一个军站。按照太平天国的要求，如果想要拜见太平天国的主将，进入太平军管辖的各个地方或进入南京，都必须先在军站领取介绍信和护照。

容闳等人由当地的警察长和另一人陪同，先去拜见军站长，向他详细说明了谒见的意图，得以顺利领取到介绍信和护照，然后才获准进入苏州城内。

进入城内后，他们见到一名刘姓的军事将领，身材魁梧，一脸骄矜，看起来见识浅陋。他对容闳一行的拜访目的、出身、职业等情况进行反复盘问后，才发给他们一封介绍信和一张太平天国护照，允许他们自由到丹阳、苏州、常州、无锡、南京等地进行考察。

随后这位将领还引领他们见了四位在太平军中的洋人，其中两名是美国人，一人是医生，一人是贩卖枪弹的军火商。这位军火商想向他们出售一批枪支弹药，但因为要价太高，最终没有成交。另外还有一名英国人、一名法国人，容闳心想这四人来到中国，恐怕都是各怀鬼胎，为了发大财。

刘将军为容闳一行举办了一个宴会，在宴会上，刘将军带头参加宗教仪式，进行祈祷，领唱赞美歌。直到晚上，容闳一行才乘船离开苏州。临行前，太平军将领还亲自到船上送行，赠送他们各类食品，保证他们在航行过程中有充足的饮食物资。

11 月 11 日清晨，他们到达了无锡。因为有介绍信和太平天国的护照，驻守当地的将领热情接待了容闳一行，再次设宴款待，宴罢又亲自护送上船。

11 月 12 日，他们离开无锡前往常州。在常州停留一晚后，又乘舟启航，向丹阳出发。一路沿途，容闳都仔细留心关注太平军的一举一动，发现他们纪律严明，对道路设施也保护良好，深受当地百姓的信赖爱戴。

到达丹阳城太平军的军站后，由于主将刘某外出了，一位姓秦的文职副官接待了他们。这位秦副官待人礼貌周到，容闳等人不禁与他攀谈起来，希望了解更多关于太平天国的相关情况。秦副官也非常乐意，滔滔不绝地向容闳一行详细介绍了太平军宗教信仰的问题，太平军占领各地的情形，以及目前的战况。当晚，秦副官设宴款待了他们，宴后，他们就在船上住宿。

第二天一大早，容闳一行再次进入丹阳城，希望可以拜见主将，结果主将再次因公外出。容闳他们只好暂时将船和行李委托给太平军保管，再从丹阳出发，徒步走了 15 英里，到达宝堰镇。这里距离句容大概 6 英里，是前往南京的必经之路。此时已经入夜，容闳一行需要寻找歇息的地方，但是搜寻一番后发现，这里的百姓生活贫困，对于外来人更是满怀警惕之心，因此他们难以找到一个合适的地方。最后好不容易遇到一名老妇人，费尽口舌才终于得以在一间空房子里过夜，房子里甚至连床铺也没有，大家只能拿些稻草铺在地上，将就着熬过一晚。第二天给了老妇人一元钱，

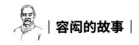 

老妇人给他们准备了大米粥、冷鸡肉、薄饼等作为早餐。早餐后，一行人又匆匆赶路，前往句容。但是到达句容后，他们发现城门紧关，所有人不得进入。

原来当时传言太平军在镇江大败，正在向句容败退，因此人人自危，人心惶惶。面对这样的情形，同行的两名传教士也心生恐惧，希望返回上海。但是容闳认为，当时距离南京只有一步之遥了，如果现在放弃未免可惜，而且即使后面遇到更多的困难，尽力想办法解决即可，在容闳的极力说服下，大家最终还是决定继续前行。

## 2

# 婉辞爵位

11 月 18 日，经过一段艰辛疲惫的旅程，一行人终于抵达南京。他们先向南京城内进行通报，一名传令兵陪同他们到传教士罗孝全的总署，这个地方与干王洪仁玕的府邸相邻。

罗孝全曾经在澳门担任郭士立牧师的助手，容闳在郭士立小学读书期间，曾经多次见过罗孝全牧师。两人见面后简单交谈，只见罗孝全身穿黄缎官袍，脚穿中国鞋，一副中国官员的模样。

经过一夜的休整，第二天，容闳受邀与干王洪仁玕见面。洪仁玕为再次见到容闳这位老朋友感到非常高兴，对他们的到来表示热烈欢迎。经过一番寒暄后，洪仁玕直接询问容闳对太平天国的看法：

"您此次远道而来，途经几个地方，想必对太平军也有所考察，你对我们的印象如何？是否愿意留下，我们共创一番事业？"

容闳回答道："沿路遇到的太平军对待百姓文明有礼，对待我们也非常殷勤。我初踏贵地，只是探访老朋友，别无他意。况且容某才疏学浅，干王实在抬举了。"

洪仁玕继续劝说容闳："纯甫，你的才华我非常了解，若你愿意留在这里，必定大有作为！"

容闳摆摆手，诚恳地说："此行到来实在没有别的目的，只是希望来南京了解一些实际情况，从江苏到南京，一路走来见闻颇多，也引起我很多的思考。不知道干王是否愿意听一听我的拙见？"

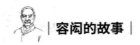

　　洪仁玕知道一时半会也没法说服容闳，但是一直以来他对容闳的才干都非常欣赏，于是马上请容闳说说自己的看法。

　　容闳思索了一会，提出了七条建议：一是依照正规的军事制度，组建一支优良的军队；二是设立一所军事学校，培养有学识才干的军官；三是设立海军学校，培养海军人才；四是建设和完善政府部门，聘用有经验才能的人才担任各部门行政顾问；五是创立银行制度，制定度量衡标准；六是颁定各级学校制度，把《圣经》列为主课；七是设立各种实业学校。

　　容闳进一步表达："这几点内容是我经过反复思考后，暂时提出的粗浅想法，如果太平天国愿意采纳这些建议，给予一些政策和资金支持，我非常愿意效犬马之劳，必定竭力开展这七项工作。"

　　两天后，容闳再次应邀前往拜访洪仁玕，共同讨论容闳提出的七条建议的重要性和可行性。容闳的七条建议，涉及政治、军事、教育、经济等各个方面，部分内容与洪仁玕《资政新篇》中的一些设想不谋而合。相较于太平天国其他领导人而言，洪仁玕对于外部世界了解较多，眼界更加开阔，因此他深刻认识到这些建议的价值，对容闳的独到见解表示赞赏。

　　但是，他也深知措施的实行不能独断专行，而且此时太平天国的战事紧急，根本无暇顾及这些改革，他对容闳说："目前太平天国的其他领导均出征在外，还需要经过众人的讨论和同意后方可实施，目前尚不能敲定。"

　　几天后，洪仁玕突然派人将一个小包裹送到容闳的手上。容闳打开一看，顿时怔住，非常惊讶。包裹里面是一方四英寸长、一英寸宽的印章，上面刻着容闳的名字，并有"义"字头衔。

　　"义"的含义是"正义"，按照太平天国的官制，属于四等爵位。容闳见此感到大惑不解，不明白干王此举意欲何为，这是打算将他留在南京，强迫他为太平天国效力？

想到此处，容闳不禁心生不满，干王此举事先没有征求他的意见，实在强人所难。而且用爵位来收买人心，未免过于狭隘了。

容闳由此对太平天国产生了强烈的怀疑，决定必须尽快归还这枚官印。于是他亲自来到干王府，当面感谢洪仁玕的好意，但是也坚决表示拒绝接受爵位。

洪仁玕对此表示大惑不解，许多人梦寐以求的官职，容闳怎么就拒绝呢？他对容闳说："我们确实非常需要您这样的人才，你我又是故交，有话不妨直说，您是嫌弃官职太低，还是有其他原因不愿意留下？"

面对洪仁玕的多番挽留，容闳真诚地表示："感谢干王给予的这份荣耀，但是容某才疏学浅，实在承受不起！可是无论何时，只要太平天国愿意施行容某提出的建议，我都愿意竭尽全力奔走效劳。"

最后，容闳询问洪仁玕是否可以赐予一张通行证，保证一行人在太平军的统治区域内安全自由地行动。

洪仁玕见容闳去意已决，实在不好继续挽留，就答应了容闳的要求。11 月 24 日，他们拿到了通行证，洪仁玕还为他们准备了交通工具和食物，派人一路护送至丹阳，一行人按原路返回上海。

此次深入太平天国的内部进行考察，让容闳收获颇丰，并由此引发了很多思考。容闳清楚认识到，导致太平天国起义的直接原因和必然原因并非宗教被镇压，而是由于清政府的腐败无能。整个官僚体系千疮百孔，腐朽不堪，就算没有太平天国起义，中国也不可避免地要面临革命。在他看来，革命在中国的历史进程中是司空见惯的事情，但是每一次革命只是意味着政权的更迭，但帝王专制的统治方式并没有产生根本性的改变。

通过对太平天国的探访，容闳深感太平天国并不能革新和复兴中国，如果继续寄希望于太平天国以实现自己的抱负，是不切实际的。

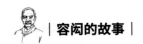

# 3
## 冒险贩茶

从南京考察回来后，容闳放弃通过太平天国实现他的教育改革和政治改良的计划。他决定转变观念，先从经商入手，积累财富，再借机寻找实现救国图强之道。但是对于从事何种事业，具体如何操作，目前依然是毫无头绪。

有一天，容闳正在上海的一家茶园里散步，偶遇几位熟悉的茶商正在一家茶馆中品茗闲聊，他们邀请容闳加入。闲谈过程中，容闳聊到他之前在湖南、湖北、江西等地的产茶区进行调查的见闻，也谈到近期的南京之行。

聊天过程中，有一位茶商提到，据说在安徽省太平县的绿茶产区，近期有一批数量巨大的绿茶，都已经打包装箱，准备外运，但是却被太平军控制，滞留当地。此时如果有人敢深入当地，冒险将这批货从太平军的手中取出，成功后一定会成为百万富翁。

容闳听到此处，兴趣盎然，并将各种细节牢记在心。回到家中，他陷入沉思。眼前正是发财致富的好机会，但过程中的艰难险阻也是不言而喻的。这时正值战争时期，到处土匪横行，虽然有利可图，可是稍有经验的茶商都不会甘愿冒险吧？但是这次如果错失良机，以后必定后悔！

下定决心后，容闳开始行动，首先联系了曾寄圃。曾寄圃是容闳的密友，正是他介绍容闳参加考察产茶区的事务，而且他的从商经验丰富，富有远见，在商界的交际非常广泛，因此容闳决定先跟他进行商议。

曾寄圃听完容闳的计划后，表示此事非同一般，需要仔细考量，也需要先跟公司的上司进行商量方可决定。几天后，容闳得到了一个振奋人心的好消息，公司同意了此次行动，但是为了保证过程的安全和进展顺利，要求容闳拟定详细的方案，在人力、运输、资金等方面进行周密安排。

为了妥善安排，容闳决定先到太平县进行调查，了解茶叶的具体情况，再具体安排购买和运输事宜。当时从上海到太平县有两条路：一是沿着长江向西走，直达芜湖，再从芜湖走水路前往太平县，这条路虽然路程比较遥远，但是走水路对于长途运输来说更加方便。而且从芜湖到太平县是太平军的势力范围，容闳已经从干王洪仁玕处得到通行证，因此即使遇到突发情况，也可以保证安全；二是由长江向西走，直达芜湖后，经过大通镇，再走陆路到太平县，这条路虽然比较近，但是陆路行走不便，还需要经过清兵驻守的大通镇，沿途会遇到重重关卡和大量税收，花销恐怕会大大增加。

经过仔细考量后，容闳决定走第一条路线。出发前，他邀请了四名太平县户籍并经营茶叶的商人同行，他们都是为躲避战火才从故乡来到上海的。整理行装后，容闳一行从上海码头乘船启程，途经几个比较大的城镇，都被太平军占据了。放眼望去，一片荒芜，人烟稀少，野草甚至高过人头，荒凉的情景让人伤感。

想到过去这些城镇也是繁华之地，可如今百姓家破人亡，流离失所，在路上见到的行人也是面黄肌瘦，衣衫褴褛。今昔对比，让人无限感慨。

在水路上行走了一周后到达山口镇，容闳在此竟然碰到了四年前在上海认识的三位茶商。一别经年，在他乡遇见故人，分外亲切。茶商在从

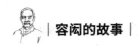 

战火中幸存的房屋中，挑选了一间设施最为完善的房间，提供给容闳等人暂住。容闳非常感谢老朋友的帮助，把这个地方当作办事处，用以开展购茶事宜的调查，考虑到三位茶商比较熟悉当地情况，于是邀请他们共同参与。

茶商告诉容闳，山口镇存放的绿茶至少有五十万箱，全县合计约有一百五十万箱，每箱茶重约六十磅，数量可观。容闳一行在山口镇住了约一周时间，便返回芜湖，马上撰写了详细的调查报告，迅速将相关情况向上海的公司详细汇报。

容闳在信中提出自己的看法，从太平县到芜湖，走水路比较安全，而且有太平天国发放的通行证，估计不会遇到刁难和危险。而且经过调查，太平县的绿茶储量确实非常丰富，公司可以汇款到芜湖，并雇用一些人员护送，只要汇款到账，茶叶就可以运送回上海。容闳同时在信中附上多种茶叶的样品，以供公司选择。

不久后容闳就收到公司的回信，表示茶叶的样品质量上乘，他们对此非常满意，请马上大量收购。

随后公司的汇款一到，容闳一行就立刻携带着巨款前往山口镇，在山口镇将茶叶装箱运回芜湖，由于数量巨大，大家来回奔波，往返多次。容闳一行12人前往购茶，其中6名欧洲人，也是经营茶叶生意的，当时他们携带了8箱银两，一共四万两，按照当时的价值，每两银子折算成墨银1.33元，共计墨西哥银圆五万三千元。由于银两数量较多，为了安全起见，容闳租赁了八艘船，把银两平均分成两份，装在其中最坚固的两艘船上。同行的人也分成了两组，担任护送员，每艘运载银两的船上都安排了三名中国人、三名洋人，并配置了手枪、刀等各种防身用品，以防意外事件的发生。

跟从容闳参加本次押送任务的共有40多人，但是这些都不是习武之人，如果真的遇到暴力事件，恐怕只有几个洋人顶用，而且这些人届时能否挺身而出，抵御危险，容闳也是心存疑虑，但是事已至此，唯有硬着头皮迎难而上。

容闳完成工作部署后，正式带队启程出发，开往太平县。船队抵达泾县后，太平军检查了通行证，因为当时天色已暗，继续前进会有一定危险，所以就暂时将几艘船停泊在大湖的水湾处。由于有两艘船上装着大量的银两，务必谨慎对待，容闳安排这两艘船停在船队的中间，其他船围绕在它们附近。入夜后，容闳又将枪支、弹药、刀剑等武器分发给每个人，以防万一。每条船上都安排了一名值班巡逻的人员，待一切安排妥当后，由于白天的奔波劳碌，大家都非常疲劳，除了值夜的人员，其他人都各自回到船舱就寝，唯有容闳和一位年纪较大的茶商久久无法入睡。容闳因为担心巨额的银两和茶叶，迟迟不敢入睡，告诫自己要时刻保持警惕。

进入半夜，突然从远处传来了一阵阵的呼喊声，打破了长夜的宁静，容闳马上披衣而起，悄悄地叫醒各条船上的人员。这时，呼叫呐喊的声音越来越大、越来越近，好像有上千人正在迅速靠近，恐怖的氛围在四周弥漫。不久后，河的对岸出现了无数火把在黑暗中挥动，幸好有一条河流将商船和劫匪隔开，加上漆黑的夜色作为掩护，劫匪并没有发现商船。容闳猜想这些劫匪很有可能是准备结队对来往的商船进行抢劫，于是马上召集船员商讨对策。此时，很多人都被吓得面如土色，战战兢兢，连话都说不出来，大家知道敌众我寡，如果真的开战，恐怕会自取灭亡，所以竟然没有一人敢于站出来迎战，其中一位自称职业是兽医的英国人甚至主张向劫

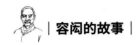 

匪主动投降。众人议论纷纷，莫衷一是，一时竟不知如何是好。

见到这样的情景，容闳往前走了一步，举起双手，示意大家安静下来，他对众人说："如今的情况确实是敌我悬殊，在这种进退两难的情况下，我们也不要强硬对抗，一定要谨慎行事，为了区区四万两银子丢掉性命肯定不值得。但是我们受人所托运送这批银两和茶叶，如果不尽力挽救就选择放弃，一定会被人视为彻头彻尾的懦夫，我们即使侥幸脱险，日后也别想获得别人的尊重和信任了！"

容闳为了安抚众人的情绪，继续说："大家放心，如果劫匪真的上船进行抢劫，我会首先站出来，要求会见他们的首领，你们务必拿好枪械保护银箱。我会去跟他们谈判，说明我们的身份，而且我们有太平天国的通行证，我会告诉他们，如果胆敢劫走财物，我一定会将这一切上报南京，追回损失的每一分钱。"

这番话让船上的人员犹如吃下了一颗定心丸，大家的情绪逐渐稳定，士气重新振作起来，大家坐在船头的甲板上，等待着事态的发展。等待的过程中，众人的内心也在怦怦直跳，时刻关注着对岸的情况。不久，对岸的火把渐渐分成几个小队，缓慢地移动，咆哮和呼喊声也渐渐减弱。大约持续了两个多小时，那群劫匪慢慢远去，在对岸一带登船，朝下游驶去。大约凌晨三点，天开始下雨，有几条载满人的船从容闳的船队旁边驶过，但是幸好并没有发现他们。凌晨四点，最后一条船也远去了，消失在夜色中，大家这才长吁一口气，一直悬着的心终于放了下来。

容闳紧绷的神经一下子松弛了，但还是心有余悸，他心想：遇到这样的危险情况，最后却还可以化险为夷，真的要感谢上苍保佑！如果不是因为夜色已深，夜雨蒙蒙，而且船停泊在比较偏僻的地方，恐怕后果不堪设想啊！

两天后，船队平安抵达太平县。在两个星期里，容闳大量收购茶叶，第一批茶叶由十五艘船运载，运往芜湖，然后通过轮船转运至上海。第二批茶叶由十二艘船运载，由容闳亲自运送至芜湖。当时是夏季，有的河道河水干浅，影响了商船的运行，必须挖掉河中的淤泥，疏通河道后才能通行。但是，当容闳提出一起挖淤泥时，很多人都面露难色，这时容闳以身作则，带头跳进河道亲自挖淤泥，大家看到后都对容闳的敬业精神敬佩不已，于是纷纷跳进河道，齐心协力清理河道，商船才终于顺利抵达上海。

这项收购茶叶的工作持续了大约半年之久，共收购了约六万五千箱绿茶，数量还不到太平县储茶量的十分之一。本来容闳还打算继续开展这项事业，结果在芜湖期间，他突然患上恶性疟疾，而芜湖当地的医疗条件有限，容闳无法得到有效的治疗，因此只能返回上海求医。

容闳在上海卧床治疗了两个月，病情才逐渐平稳好转，但是病愈后的身体依然衰弱，实在无法胜任长期的奔波劳碌，而从事茶叶收购工作，不仅需要体力支撑，还要承受很大的精神压力。

每当容闳回忆起在泾县遇险的经历，就感到心惊胆战，当时的神经高度紧张，给心灵也造成了极大刺激，或许这也是自己回到上海后生病卧床两个月的原因。容闳经过认真的反思，认为人生在世，还是生命更加珍贵，而且当时从太平县运出的茶叶，由于太平军提高了收购价格，所以实际上获利并不多，为了谋取这点薄利而以命相拼，实在是得不偿失，人生在世，还是应该珍惜宝贵的生命，追求更加高尚的事业，以实现自己报国的心愿。

此次在太平县冒险贩茶的经历，虽然最终获利不多，但是容闳从中获

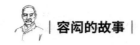 

得了比金钱更加有价值的财富，那就是遇到困难时保持大无畏的精神，遇险时沉着应对，讲究诚信，敢为人先等品质。

另外，他在贩茶中的沉着机警的表现，得到了上海商界中人的交口称赞。因此大病初愈后，容闳就马上获得邀请，有人请他担任另一家外国公司的茶叶代理人，专管九江港的茶叶装载事宜。然而容闳只是把这项工作当作暂时的过渡，因此半年后就辞职，并开始自行经营商业，虽然赚到一些小钱，但是这期间他仍然不忘内心的教育强国梦想，于是一边在九江经商，一边等待和寻找实现理想的机会。

第五章
**投身洋务**

# 1
# 谒见曾国藩

1863 年，容闳在九江经商，有一天他收到一封来自安徽的书信，寄信人叫张斯桂，是容闳 1857 年在上海认识的一名故友。他是宁波人，曾经担任中国第一炮舰的统带，后来成为曾国藩①的幕僚。张斯桂在信中说："承总督之命，希望邀请您到安庆一见，总督听闻你的经历后，迫切希望相见，所以特意让我给您致信。"

容闳收到这封信后非常诧异，因为他心想自己与张斯桂没有什么交情，之前仅仅是一面之缘，后来各居一地，也没有联系，如今相隔数年，突然来信，而且信中的内容也让人感觉可疑。曾国藩身为两江总督，地位显贵，会有什么事情如此迫切要会见自己呢？而且容闳的心中也有疑虑，是不是之前的南京之行，拜见干王洪仁玕和在太平军势力范围贩茶的事情让曾国藩知道，现在以礼相邀将他骗去，想杀他的头呢？

虽然容闳相信张斯桂的人品，认为他不会轻易受人摆布，出卖朋友，但是思来想去，还是决定婉言谢绝。于是容闳在回信中写道："承蒙总督的厚爱，对于总督的相邀感到荣幸至极。但是如今是二月，正值茶季，装茶

---

① 曾国藩（1811—1872），湖南湘乡（今湖南双峰县）人，初名子城，字伯涵，号涤生，中国近代政治家、战略家、理学家、文学家，湘军的创立者和统帅。官至两江总督、直隶总督、武英殿大学士，谥号"文正"，后世称"曾文正"。太平天国运动时，曾国藩组建湘军，经过多年苦战后终于打败太平天国。曾国藩的崛起，对清王朝的政治、军事、文化、经济等方面都产生了深远的影响。

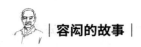 

的货单源源不绝，业务繁忙，实在难以抽身离开。届时事务处理完成后，必定立即前往拜见。"

两个月后，容闳再次收到张斯桂从安庆寄来的信件，信中再次催促他尽快前往安庆，还附有一封李善兰的来信。李善兰是容闳在上海认识的朋友，也是中国著名的数学家，曾经协助伦敦传教会传教士伟烈亚力将多种数学著作翻译成中文。李善兰不仅擅长数学，还精通天文学，因此容闳对他非常敬佩。

此时，李善兰也正任职于曾国藩的幕府中，他在信中写道：

"纯甫，对于此次前来安庆，你不要有过多的担心和疑虑，我有两位专门研究机器的专家好友目前也受聘于总督，他们都已经在安庆。我曾多次向总督举荐你，说到你接受了多年的西方教育，思想开放，眼界开阔，1857 年还为受饥荒的灾民写募捐信筹集赈灾款，拥有远大的抱负和杰出的能力，一直希望寻找机会为国效力，帮助国家实现富强，总督听后对你十分赏识，他有一件非常重要的事情需要委托给你，所以请你速到安庆。"

容闳拿到这两封信后，心中的疑虑逐渐打消，于是回信说几个月后会比较空闲，到时必定前往安庆亲自拜见。但是曾国藩想见容闳的心非常迫切，7 月的时候，张斯桂的第三封信、李善兰的第二封信又寄来了。两封信都是催促容闳尽快前往安庆，这也说明了曾国藩希望容闳弃商从政，加入自己的阵营。

回国后的经历，让容闳深深感受到，在中国做事，单凭自己的才能想闯出一片天下是不容易的，还需要广泛的人脉关系，日后如果能得到曾国藩这样位高权重的人物的支持和帮助，相信他的教育计划就会有实现的机会。这次机会难得，容闳想到如果这次不好好把握，犹豫不决，必定会错失良机。于是他马上回信表示，经过深思熟虑，他决定应邀前往安庆，但是自己在生意上还有一些事务需要处理，大约需要一个月的时间，待处理完毕，必定马上动身前往安庆。

信寄出后，曾国藩没有再来信催促，容闳等待多时的机会终于要来临了！事实上，此次的安庆之行并非容闳与曾国藩的第一次会面，曾国藩第一次提到容闳是在 1862 年，曾国藩在回复桂万超的书信中写道："顷有洋商容光照来皖，言及硼炮之利，亦令赴沪试办，渐次习其作法，或有可成。"从曾国藩的日记中可知，两人早在此次安庆之行的前一年就已经见过，这一说法在曾国藩的幕僚赵烈文、莫友芝的日记中均得到证实，两人都记述了与容闳的交往情况，当时容闳是赴安庆买茶期间拜谒了曾国藩，但是当时的容闳作为一名茶商，与曾国藩并没有进行深谈。

此前，容闳听闻了曾国藩的卓越才能和高尚人品后，仰慕已久，但是一年前的匆匆会面，双方没有机会进行深入交流，容闳也是深感遗憾。此次得到曾国藩的邀请，容闳虽然内心有疑惑，但是也满怀期待，于是，在处理完生意上的事情后，就立刻启程，乘船抵达安庆。

到达后，容闳首先前往拜见了旧友张斯桂、李善兰、华蘅芳、徐雪村等人，众人相聚，相聊甚欢，他们说这半年来，曾国藩无一日不想着尽快见到容闳，所以才会让他们多次写信催促，如今容闳终于到来，他们也算是有促成之功，没有辜负总督的托付了。

但是容闳对于曾国藩如此迫切地想见自己依然心存疑惑，便询问几个老朋友，曾国藩如此迫切想见到自己，是对他作为中国人却在美国接受教育感到好奇，还是有什么其他原因？

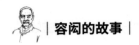 

对于这些问题，朋友们都笑而不语。他们很有默契地告诉容闳，说只要他见到曾国藩自然会清楚。尽管朋友们神色轻松，容闳心中的疑惑却不减反增。不过他判断朋友们知道内情，只是故意不告诉他。

第二天早上，容闳早早起来，整理好着装仪容，精神抖擞地前往拜见曾国藩。门卫通报后不久，曾国藩就传令侍卫带容闳进内。寒暄数句后，曾国藩让容闳坐在他的面前，笑而不语长达数分钟，容闳感觉他的心情应该是喜悦的，但是这期间，曾国藩用他锐利的眼光将容闳从头到脚细细打量一番，炯炯有神的目光直视容闳的眼睛，此时容闳虽然不至于窘迫难当，但也有坐立不安之感。

观察了一段时间后，曾国藩终于开口说话："容先生在国外居住了多长时间？"

容闳恭敬地回答："回总督大人的话，小人在美国求学，度过了八年时间。"

曾国藩又问："阁下是否愿意留在我的府中，担任军官一职？"

容闳回答："如有这种资格，小人自然非常愿意，但是小人没有从军经历，也没有学习过军事的相关理论知识。"

曾国藩微微一笑："我看阁下的面相，是个将相之才，我从你的眼睛中看到了刚毅勇敢，将来必定能够成为一名优秀的军人。"

容闳谦卑地表达感谢："总督大人过奖了！小人缺乏军事上的学识和经验，恐怕会辜负大人的期望。"

曾国藩向容闳提出从军的问题只是试探，但容闳以为他是真的有意招募自己进入军队上阵杀敌。后来，容闳与友人说起此事，才明白原来曾国藩只是为了了解容闳是否对军事感兴趣。当知道容闳志不在此，便不再提及军事上的事情了，转而询问容闳的年纪和婚娶情况。不到半小时，容闳与曾国藩的第一次会面就结束了。当容闳回到住处后，友人们纷纷前来询问会面的情况，听了容闳的详细复述后，大家都非常兴奋，替容闳高兴。

容闳在曾国藩的大本营待了将近两周时间，与几位上海朋友居住在一起。容闳观察发现，在大本营中，至少住着两百名官员，这些人来自五湖四海，为了各自的志向和目的聚集在这里。除了原有的一百多名幕僚外，大本营还聚集了候补的官员、文人，各种法律、天文、机器等方面的专家学者，可以说各路英才都云集于此。他们都是被曾国藩的声望道德和杰出才能吸引而来，而曾国藩对待各类人才也是十分重视，乐于与他们进行交流。

在此期间，容闳与几位老朋友时时相聚，高谈阔论，非常愉快。在这期间，容闳也得知了曾国藩邀请他进入政界的真正原因，他的朋友们曾经向曾国藩进言，希望能在中国建立一所西式机器厂。这个提议已经得到曾国藩的同意，但是还没有确定创办何种性质的机器厂。

一天晚上聚餐，其间大家又谈论起创办机器厂的事情，在座人员各抒己见，最后询问容闳的意见。

朋友们说："纯甫，曾公很快会召见你，必定会询问创办机器厂的事情。你有何看法？"

容闳告诉在座的朋友，自己对于建设机器厂并不是非常擅长，但是可以说说自己在美国的见闻。他说："如果中国想创建机器厂，应该先建立具有通用性和基础性的机器厂，不宜专门只做一种机器，即这所机器厂应该有制造机器的机器，可以生产制造专门配件的器械，这是之后建立一切制造厂的基础。中国地域辽阔，必然需要很多的机器厂，但想建立各种机

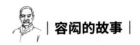

器厂，首先需要一间母厂，然后再建立各种子厂，进而通力合作。按照中国廉价的劳动力和原料费，在中国制造的机器一定会比欧美国家价格更加低廉。"

在座的人听了容闳的表述后，无不拍手称赞，认为非常有道理，并告诉容闳届时见到曾国藩的时候，就按照这样的说法，必定可以得到曾国藩的大力支持。

数天后，容闳果然再次受到曾国藩的召见。在会面过程中，曾国藩询问容闳："先生认为当今想为中国谋求利益，应该从何处着手发展事业？"

容闳一听，这个问题非常宽泛，也耐人寻味，如果前几天没有与友人席间谈到机器厂的事情，他就一定会用教育计划作为回答。可如今既然知道了曾国藩有建立机器厂的意愿，如果现在贸然提出自己的教育计划，不免显得有些唐突，而且万一曾国藩拒绝了，以后想再次寻求支持就更加困难了。

同时，容闳想到友人们的一再嘱托，希望自己能在面谈时赞同建立机器厂。此时如果能迎合曾国藩的意愿，也算不负友人所托。而且如果他能帮助曾国藩办好这件事，今后再提出教育计划也有更大的把握。

于是，容闳便暂时搁置自己的教育计划，与曾国藩详细交流关于建立机器厂的事情，大致也是提议应该首先建立一间母厂，再由母厂衍生出各类机器厂。同时他特别提到来复枪的制造——这类武器就是由不同型号的机械生产出零件，再组装而成的。容闳介绍的机器厂不仅适用于制造来复枪，还能用于制造大炮、弹药等各类专门器械，这对目前的中国来说非常重要。

曾国藩非常认真地听取了容闳的想法，不时微笑着点点头，表示赞同，最后，曾国藩说："本官对机器制造实在是外行，容先生请与徐雪村、华蘅芳详细商量研究，制定一个稳妥的计划，我们再做定夺。"

容闳与曾国藩的第二次见面以此结束，回去后，容闳马上与朋友们见面，向他们详细讲述会见的情形。朋友们听后都非常高兴，再次商议后，决定将创建机器厂一事交由容闳全权负责，并请容闳向专业机械工程师咨询意见。

两周后，华蘅芳前来告知容闳，说总督已经传见他们四人，决定将机器厂建设一事授予容闳全权责任，并令容闳首先出国考察，寻找专门的机器工程师，调查哪些机器对中国最为合适，采购事宜均由容闳决定。

机器厂的建造选址确定于距离上海西北四英里的高昌庙，占地面积数十亩，高昌庙的机器厂后来被称为"江南制造局"，各类主要机器分厂均设置其中。当时清政府筹备巨资，专门用于建设此厂，希望能够建成东亚第一流的机器厂。江南制造局是清朝洋务运动中成立的近代军事工业生产机构，为晚清中国最重要的军工厂，也是清政府洋务派开设的规模最大的近代军事企业。江南制造局的早期厂房是近代最早的新式工厂之一，为江南造船厂的前身，同时也是近代中国最大的军火工厂。

除了机械制造，江南制造局另附设有广方言馆①、翻译馆以及工艺学堂，用以介绍西方知识，以及培养语言和科技人才，对晚清的知识分子吸收西方知识产生很大的影响。江南制造局的出现及后来的崛起，开启了我国近代化军事、民族工业与其他诸项文化事业之先河。

---

① 即语言学校，原设于 1863 年，1869 年并入江南制造局。

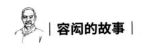

# 2

# 购买机器

容闳第二次拜见曾国藩的一周后，就收到派他前往美国购办机器的委任状。他被正式任命为出洋委员，授予五品军功衔，佩戴蓝翎。依照当时清朝的惯例，花翎只授予有军功的人，如要赏赐文职官员戴蓝翎，必须由皇帝颁发。这说明曾国藩非常器重容闳，也很重视本次派遣他赴美购买机器一事。

另外还有两份公文同时抵达，命令容闳凭此公文领取款项六万八千两，在上海道和广东藩司各领取一半。做好一切准备工作后，容闳向曾国藩和各位好友告别，踏上了前往美国采购的行程。

容闳出行前，曾经有曾国藩的幕僚表示担忧，对曾国藩说："总督大人，容闳回国的时间不长，又长期求学海外，我们对他的了解并不深入，如今将这么一笔巨款交给他，真的可靠吗？您不担心他居心不良，卷款潜逃吗？"

曾国藩听后，微微一笑："我仔细观察过容闳这个人，也跟他有过交流，他额宽鼻直，目光如炬，表达清晰，是一个心怀坦荡之人，不会做坏事。他在美国留学期间有他人的资助，但是依然省吃俭用，曾经托人将节省下来的 25 美元带给自己的母亲。这样一个纯孝之人，又怎么会做背叛之事呢？用人不疑，疑人不用，我既然选择将巨款交托给他，就是显示我对他的信任，想必他也一定不会辜负我对他的信任！我也想趁此次机会好好考验一下他的能耐。"

1863 年 10 月，容闳抵达上海，结果巧遇并结识了美国机械工程师哈斯金斯 [①]，他正在为上海某洋行运机器来中国，当时他已经处理好公司的事情，正准备带着妻子和女儿返回美国。由于时间紧迫，容闳与哈斯金斯签订合同，把采购机器的事情委托他主办，并同时启程赴美。

因为哈斯金斯已经预订了船票，便携家眷乘坐法国轮船出发。而容闳则乘坐英国轮船经新加坡，过印度洋，抵达锡兰后，换乘其他轮船过孟加拉海湾，在埃及的开罗登陆，再从开罗乘火车跨越苏伊士海峡。

那时候苏伊士运河刚刚开凿，尚未竣工。乘火车抵达亚历山大城后，容闳又搭乘轮船到法国南部的马赛，接着乘火车至巴黎，在那里停留了十天左右。借此机会，容闳参观了巴黎的教堂、花园，以及各种建筑，尽情游览了这个繁华美丽的城市，随后，又从法国加来港乘船经英吉利海峡至英国多佛，再换乘火车抵达伦敦，这是容闳第一次踏足英国，见到这个当时的世界大都会，他决定要好好地进行参观考察。在伦敦近一个月的时间里，他参观了惠特沃斯机器厂，并且与十多年前在中国认识的洋人朋友托马斯·克里斯蒂重遇，故友重逢，两人都非常开心。在伦敦逗留了一个月左右，容闳再次启程乘船横渡大西洋，于 1864 年初春抵达纽约。

1864 年刚好是容闳从耶鲁大学毕业十周年，当年的同学打算在 7 月举办一场十周年同学聚会。容闳抵达的时间是 2 月，距离聚会的时间尚早。

哈斯金斯与家人先于容闳抵达美国，他回到美国后就马上着手开展机器设计、图纸绘制、预算制定等相关工作。1864 年，正是美国南北战争激

---

① 哈斯金斯（John Ferguson Haskins, 1833—1893），美国机械工程师、发明家。曾协助容闳在美国采购机器。

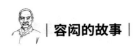

烈之时，美国几乎所有的机器厂，尤其是新英格兰地区，都忙于处理政府的订单，根本无暇承接来自外地的订单。容闳正为此烦恼，幸好哈斯金斯熟悉多间工厂，最后终于与马萨诸塞州菲奇堡的普特南机器公司（Putnam Machine Co.）签订合同，他们可以承接生产容闳所需要的机器，但是至少也需要大概半年时间才能制成并运回中国，于是容闳委托哈斯金斯负责全权监督订单的进度。

离开美国已有十年，容闳也十分想念这里的师友，难得重回故地，趁这半年时间，容闳重回母校探望老师，并参加了毕业十周年的聚会。对于他来说，这是一次难忘和难得的相聚，阔别十年，曾经的同窗相见，虽然大家际遇不同，面容变改，但是不变的是那份深厚的同窗情谊，大家欢聚一堂，人人兴高采烈，欢声笑语。

当时美国上下均在关注内战，因此容闳在同学会中也没有提及此次购买机器一事。他认为此次为曾国藩购买机器的任务是一个重要的起点，他内心一直念念不忘自己的教育计划，心想如果这次能够圆满完成采购机器的任务，曾国藩一定会大为高兴，到时再提出自己的教育计划，想必成功的机会很大。

同学聚会结束后，容闳回到菲奇堡。在同学聚会中，他也从老师同学的口中听说了很多关于美国南北战争的战况，内心百感交集。一直以来，容闳都为自己身为中国人而自豪，并且不断寻找机会为国效力。但是由于从小就在教会学校马礼逊学校接受教育，长大后又前往美国学习，甚至成为第一名毕业于美国名校的中国学生，其间得到很多美国师长的关爱和帮助，因而容闳同样对美国怀有深厚的感情。

于是，他与哈斯金斯商量，把购买机器和运送回国的事宜交给哈斯金斯全权负责，并向曾国藩在上海的理事者做好交代。安顿好所有事情后，容闳就出发前往华盛顿。

当时，马萨诸塞州斯普林菲尔德的陆军准将巴恩斯负责招募志愿军。巴恩斯将军有个儿子叫威廉，与容闳是耶鲁大学同一届的校友，当时在香港当律师。1853 年<sup>①</sup>，巴恩斯将军到纽约见儿子时，曾经与容闳有过一面之缘，于是容闳前往司令总部进行拜访。

巴恩斯见到容闳感到非常高兴，热情地与他进行了一番寒暄。随后，容闳也大胆地说明自己的来意："巴恩斯将军，我虽然是中国人，但是我在美国读书的时候就已经加入了美国籍，如今美国南北地区正在开战，当年我在美国读书，得到美国的诸多帮助，如今美国形势严峻，我也非常希望有机会加入军队，尽自己的一点微薄之力，为美国服务。虽然在军事上我没有经验，但是我非常愿意做一些后勤服务工作，我可以在美逗留大约六个月的时间，具体做什么工作完全听从将军的派遣。"

巴恩斯将军听后大为感动，并询问容闳："非常感谢容先生有这样的胸怀，但是本次容先生到美国主要所为何事呢？"

容闳回答："我自 1854 年从耶鲁毕业后就返回中国，近期是奉总督曾国藩的的命令前来美国采购机器，以建机器厂。目前马萨诸塞州的一间工厂已经承接这笔订单，现在一位美国工程师正在为我监管相关事宜，制造机器的时间比较漫长，至少需要六个月的时间，所以我希望在此期间为政府效力，以表达对美国的感谢！"

巴恩斯将军听后欣慰地点点头，然后思索了一下认真地说："我很感谢

---

① 容闳自传原文为"1863 年"，但是 1863 年容闳身在中国，应该是 1853 年其在耶鲁就读时的事情。故在此进行更正。

你有这番心意，但是我不能答应你的请求。一是因为你现在身受中国政府的重托，使命重大，最好还是返回菲奇堡处理相关事情，以免贻误要事。二是战火无情，你没有任何的军事经验，在战场上非常危险，而且目前在后勤工作方面，我们的人手已经非常充足。你的心意我们已经接受了。"

见到巴恩斯将军态度坚决，容闳实在无法说服，所以最后只得作罢。虽然此行没有达到目的，但是容闳认为已经将自己的心意表达出来，问心无愧了。

1865 年春，容闳在美国购买的机器按期交货，他与哈斯金斯仔细认真地验收，确认所有机器完好无损后，就安排人员妥善打包，用轮船装运，由纽约向东绕好望角直达上海。

容闳没有跟船直接返回中国，因为他一直梦想环游世界，于是趁此次机会实现梦想，开阔眼界。他从旧金山出发，向西航行。当时纽约至旧金山还没有通火车，因此只能绕道，先坐沿海轮船从纽约到达巴拿马运河，过运河后再乘船沿墨西哥海岸抵达旧金山。

为了等待跨越太平洋到横滨或上海的轮船，容闳在旧金山停留了两周时间，利用这段时间，他畅游了旧金山①。旧金山是美国在太平洋沿岸仅次于洛杉矶的第二大城市，也是西部金融中心、最大的港口城市和重要军事基地。容闳在停留期间拜会了当地的华侨团体和爱国社团代表，对中国人在美国艰辛打拼的经历留下了深刻印象。后在旧金山乘船到达日本横滨，再转船前往上海。

刚到上海，容闳就发现所有机器早在一个月前就已经运抵上海，并且

---

① 19 世纪中叶，加利福尼亚发现金矿，掀起了一股"淘金热"，华侨将此地称为"金山"，后改称为"旧金山"，也叫三藩市。

经过检查，所有机器都完好无缺、运行正常。此次赴美购买机器历时一年多，这一年多来，国内的形势又发生了很多变化，曾国藩在其弟曾国荃的协助下，攻取了南京城，平定了太平天国叛乱。同时，一场向西方学习先进技术的洋务运动正在兴起。

当容闳回到上海后，曾国藩被调往徐州，指挥追剿捻军，因为当时捻军正在江淮一带与清军对峙。容闳需要前往徐州谒见总督，就购置机器一事向他复命。

容闳与好友华蘅芳一同前往徐州。达到徐州后，容闳马上前往拜见曾国藩，向其详细汇报赴美购买机器的详细情况，并呈上在美国所购买的机器的清单。

曾国藩看得非常仔细，一边看一边点头称赞："纯甫这次远赴美国采购机器，为朝廷立了大功！前些天，李鸿章还向我抱怨苏州洋炮局所购买的机器不够齐全，导致有些枪炮无法制造。这批机器的运达，简直是雪中送炭！"

容闳回答："托总督的福，这次赴美购买机器的过程非常顺利，所购买的机器都是目前世界上最先进优良的。有了这些制器之器，我们就可以建立自己的机器制造局，生产出更多的机器，独立制造出大量的轮船枪炮等武器，不用再受洋人的制约。"

曾国藩赞赏地点点头："你说得对，我认为制造轮船枪炮是当今第一要务，中国要想实现自强，必先学习洋人的先进技术，但是又不能被洋人所制约。前些年，老夫在安庆建立了一个安庆军械所，为湘军生产枪炮，但是条件所限，机器简陋，又缺乏相关技术人才。这次我看你购买的机器清单，种类非常齐全，我相信工欲善其事必先利其器，有了这批机器，我们

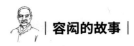

终于可以大展拳脚，制造自己的机器了！纯甫这次不辱使命，我要向上奏朝廷，为你邀功。"

1866 年，曾国藩以专奏的形式向朝廷上奏。专奏在中国官场效力很大，何况还是由曾国藩总督亲自上奏，可见曾国藩对容闳的爱才惜才之心。他在《容闳赴西洋采办铁厂机器有功请予奖励片》奏折中写道：

再，花翎运同衔容闳，熟习泰西各国语言文字，往来花旗最久，颇有胆识。臣于同治二年十月拨给银两，饬令今前往西洋，采办铁厂机器。四年十月回营，所购机器一百数十种，均交上海制造局收存备用。查该员不避险阻，涉历重洋，为时逾两年之久，计程越四万里而遥，实与古人出使绝域，其难相等，应予奖励，以昭激劝，合无仰恳天恩俯准，以同知留于江苏，遇缺即补。理合附片陈请，伏乞圣鉴训示。谨奏。

容闳并无官职，赴美前委任的"五品军功"只是一个虚衔，如今有了曾国藩的专奏，他很快就能升任五品实官。不久，同治皇帝就颁发诏书，恩准奖励容闳："容闳着以同知留于江苏，遇缺即补，该部知道。钦此。"

容闳离开徐州前特意亲自前往曾国藩处，向他当面道谢提携之恩，表明自己将来一定倾尽全力为国尽忠，决不辜负总督的期望。

容闳在徐州短暂停留了三天后回到上海。10月，容闳在上海收到公文，正式升为五品实官，于是容闳以候补同知的资格，在江苏省行署担任译员，月薪为二百五十美元。如果以官阶俸禄来说，当时的四品官上海候补道台也没有如此高的俸禄。

当时住在上海道的丁日昌①与容闳私交甚笃，丁日昌屡屡晋升，陆续被任命为盐运使、布政使和江苏巡抚，容闳受其举荐也得以升职并戴花翎。丁日昌担任盐运使时，容闳曾跟从他前往扬州，逗留了六个月，在此期间，容闳翻译了哥尔顿的著作《地文学》②。后来回到上海，继续担任译员，又利用闲暇时间翻译了帕森斯的《契约论》③，他认为这本著作对中国大有裨益。翻译期间，容闳得到好朋友华蘅芳的大力协助，华蘅芳④精通数学，文学修养高，对中国政务也十分了解。

但是华蘅芳认为在中国，因为契约关系而需要诉讼的人很少，而且就算产生纠纷，也是按照中国的法律来处理，外国的法律并不适合中国的情况，因此他劝容闳不要翻译这本书，就算翻译出来，出版销量也不会很好。但是对此容闳有不同的看法，他认为国家的产生是人与人之间、人与统治者之间相互订立契约的结果，有了契约，才能消除专制，社会才会公平公正，从而推动社会的进步。

---

① 丁日昌（1823—1882），字持静，小名雨生，别名禹生，潮汕先贤，广东潮州府丰顺县（今梅州市丰顺县）人。潮汕诗人，梅州八贤之一，客家先贤，历任广东琼州府儒学训导、江西万安、庐陵县令、苏松太道、两淮盐运使、江苏布政使、江苏巡抚、福州船政大臣、福建巡抚、总督衔会办海防、节制沿海水师兼理各国事务大臣，是中国近代洋务运动的风云人物和中国近代四大藏书家之一。

② 此书可能为 1862 年佐波银次郎翻译、手塚律藏校的《格尔屯氏万国图志》，原著为 *Richard Swainson Fisher*，*Colton's Atlas of the World*，Illustrating Physical and Political Geography，Accompanied by Descriptions，Geographical，Statistical，and Historical，NewYork：J.H.Colton & Co.，1856。

③ 此书可能为 19 世纪美国著名的法学家、哈佛大学法学院教授西奥菲勒斯·帕森斯（Theophilus Parsons，1797—1882）的著作，是 19 世纪英美契约法研究的重要成果，原著为 *Theophilus Parsons*，Law of Contract，Boston：Lttle Brown and Company，1866。

④ 华蘅芳（1833—1902），字若汀，江苏无锡县荡口镇（今江苏省无锡市锡山区鹅湖镇）人。中国清末数学家、科学家、翻译家和教育家，中国近代科学的先驱。

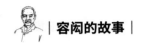

# 3
# 兴办学校

1865 年 9 月，由曾国藩规划，李鸿章禀报朝廷，将原来的虹口铁厂、原苏州洋炮局的一部分和容闳从国外购买的机器集中起来，成立江南制造总局。李鸿章在奏折中说："正名办物，以绝洋人觊觎。"李鸿章安排丁日昌为第一任总办，江南制造总局由南北洋大臣共同管理，经费来源于上海海关的厘金。

在清朝政府公文中，将"江南制造总局"称为"上海机器制造局"，它不是单独生产枪炮的兵工厂，而是生产制造各种机器，包括武器的机器"母机"。它是当时远东规模最大、技术最先进的工厂，代表着中国近代工业的一次飞跃。

但是江南制造总局在运作上也存在明显的弊端，一是掌握核心技术的技术人员依然是外国人，缺乏本国的技术人才，因此容易受制于洋人。二是江南制造总局虽然是新式工厂，但是管理体制采用落后的官僚管理体制，导致贪污严重；制作成本高昂，但是产品质量低下。据悉，当时江南制造总局每支步枪的制作成本高达 17.4 两，而外国产品的成本仅为 10 两左右。而且生产的枪支质量低下，经常发生走火现象，这对战场来说是致命的。后来李鸿章的淮军也不使用国产步枪，继续使用进口的物美价廉的洋枪洋炮。由此可见，先进的机器制造技术受落后的管理体制影响，为洋务派"中学为体，西学为用"的美好愿望埋下了严重的隐患。

1867 年，曾国藩在李鸿章的帮助下，镇压了捻军起义，后到南京任两江总督，上任前，曾国藩先到他管辖的地方进行巡视，考察当地的风俗民情，特别是重点参观他创办的江南制造总局。

走进江南制造总局，曾国藩对容闳从美国采购回来的机器非常感兴趣，于是容闳请技术人员一边运作机器，一边详细讲解介绍机器的运作原理和作用，曾国藩认真观看了机器的运作情况，称赞不已。

在江南制造总局的视察过程中，曾国藩深感西方科学技术的先进，容闳看到曾国藩非常满意，于是进一步提出自己的想法："总督大人，机器需要专门的技术人员进行操作，有了机器还不够，还需要人才。但是目前掌握重点技术的都是洋人技术人员，我们应该培养自己的技术员，所以我建议可以在工厂的附近建立一所兵工学校，招收中国学生在此学习，请专家学者传授机械工程的理论知识和操作技术，培养出既有理论水平又有技术能力的机械工程师，为工厂培养输送人才，这样中国将来就不用进口外国的机器，也不需要依赖外国的工程师，可以真正实现自食其力。"

曾国藩听后思考了片刻，觉得非常有道理，表示高度赞许，不久后即批准实行，不到一年的时间，就在江南制造总局的旁边建立起一所崭新的兵工学校。学校挑选了一批聪敏的学生，进入兵工学校后，他们跟随洋人技师学习机械操作，同时还学习数学、物理等知识。

1868 年，江南制造总局又开设翻译馆，并且为了增强翻译力量，将1863 年成立的广方言馆并入翻译馆，专门从事科技书籍的翻译工作。伟烈亚力等数名传教士和华蘅芳、徐寿等中国近代科学家，承担了翻译书籍和学馆的教学工作，其间取得了显著的成绩，先后翻译了《蒸机发刊》等工程书、《代数》等数理书、《化学鉴原》等化学书。据不完全统计，翻译馆

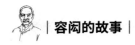

从 1868 年至 1900 年，翻译了 159 种著作，其中 130 种为科技类书籍，大部分为当时的科技工作者必读书，这些翻译书籍对中国科学技术的发展起到了重要的推动作用。后来江南制造总局和学校发展，确实为中国培养了各种类型的机械工程师和机械工人。

设立兵工学校是容闳在江南制造局工作期间所做的又一个突出贡献，这时的容闳官升五品，享受高官厚禄，生活无忧，但是他并没有迷失自我，满足于现状，教育计划已经在他的内心酝酿已久，从他回国至今已经过去十多年，但是教育强国的梦想之火依然在他的内心熊熊燃烧，从未停歇，如今得到曾国藩的赏识，还有兵工学校的建立都让他更加满怀信心，坚信教育计划的实现已经指日可待。

第六章

# 留美幼童计划

## 1
# 大愿得成

在耶鲁求学时，每当讨论未来的事业，容闳总会坚定地说："我想让我的同胞也能接受新式文明和教育，让祖国走向文明富强之路！"

此后十余年，容闳一直为了教育梦想四处奔走，历经困难挫折却永不言弃。距离梦想最近的一次，是 1868 年在丁日昌的帮助下，向时任军机大臣的文祥上奏四项改革条陈。

这份条陈内容包括：一是拟设轮船合资公司，公司股东全为华人；二是派遣四批 120 名幼童留美学习 15 年，学成后回国效力；三是开采矿产，并兴办铁路事业；四是禁止天主教会插手中国教民诉讼事宜，干涉中国司法独立。容闳认为文祥思想较为开放，对洋务比较积极，留学计划获得批准的机会较大。

容闳信心满满，可是条陈上奏数月，直到 1869 年仍然没有回音，这不免让他感到不安。此时，文祥因母去世回家守孝，期间不得处理政事。容闳的条陈就此被搁置在总理衙门的文书当中，石沉大海。

然而，意外的转机出现在 1870 年 6 月的"天津教案"之后。1860 年清政府与英法签订的《北京条约》，允许西方传教士到中国租买土地及兴建教堂。这进一步激化了百姓与西洋教会的矛盾。

1870 年春夏之际，天津发生瘟疫。坊间谣言四起，说教会用迷药拐骗幼童，并将幼童挖眼剖心。谣言一直没有得到澄清，引发了天津百姓与

教会人员的激烈冲突。在冲突中，法国领事丰大业开枪威胁并射伤中国官员，引爆民众的怒火。群情激奋的天津百姓将丰大业围殴致死，进而冲进外国领事馆和教堂进行打砸烧杀，导致二十余名外国人死亡。

教案发生后，法、英、美、俄、普、比、西等七国公使向清政府抗议，要求严惩天津官员和民众。清廷朝野上下对此案产生激烈争论，多数官员认为应当对洋人采取强硬态度，甚至不惜一战。处理天津教案的烫手山芋被扔给了时任直隶总督的曾国藩。清廷希望他既能平息民怒，又能避免战端。

曾国藩查明案件后，惩戒罪犯并向外国赔款，此举却被视为"卖国"。后来清政府任命李鸿章接替直隶总督处理该案，丁日昌也参与其中。丁日昌联系容闳前往天津担任翻译，但容闳抵达天津时，谈判已经进入尾声。与法国的和谈结束以后，各位钦派大臣还留在天津没有离开，商讨如何处理后续事宜。

此时，几位洋务重臣终于意识到培养人才的重要性。丁日昌与容闳见面时，无不感慨地说："纯甫果然有先见之明。此前上奏文祥大人的条陈，就提出严防教会干涉之事。就现在天津的情况来看，确实是真知灼见。"

容闳听闻此话，沉默片刻，微微摇头。他开口道："我认为天津之事，其根源不在教会，而在于人才。您也知道，上奏条陈，实际我希望被采纳的是留学计划，一、三、四条不过是附议。"他叹了口气，语气却变得激动起来："现在我们空有器械轮船，却没有人能主持开矿、造船！我们空有爱国热情，却不能在列强面前为国争权！当务之急，应当是尽快派遣中华子弟留美，及早培养一批国家急需的现代人才！"

容闳这番话说得丁日昌连连点头。此后，丁日昌又向曾国藩、李鸿章提起容闳的留学计划，曾、李也感受到培养本国人才的迫切和重要性。"师夷长技以制夷"，最后仍然要靠本国人才方可振兴中华。

就这样，容闳期盼了十余年的梦想，终于迎来了曙光。

1870 年一个深秋的夜晚，本已就寝的容闳，却迎来了深夜到访的丁日昌。丁日昌一见到他就连声贺喜：

"恭喜纯甫！大愿得成！我们准备四人联衔上奏，上报朝廷采纳教育建议。"

睡眼惺忪的容闳还没有意识到发生了什么，直到听见"大愿得成""幼童留美""曾公同意"等字眼，才明白曾国藩已经同意了留美计划。可是他第一反应是感到难以置信，生怕自己仍在梦中。

见到容闳没有反应，丁日昌又重复了一遍刚才的消息。确认不是做梦后，容闳觉得仿佛漫步云端，巨大的幸福感包围着他。毕生夙愿终于得偿，怎能不让人兴奋呢？当天晚上，年过不惑的容闳辗转难眠，回想起自己少年负笈海外，日日夜夜执着追寻的梦想，不禁心潮澎湃。现在他终于不再纸上谈兵，可以亲手为教育救国的蓝图添砖加瓦了！

数日之后，丁日昌又再度来访。他告知容闳，曾国藩为首的联衔奏折已经送往北京，奏折也很快得到了皇上的批准，而几位大臣正在筹备推荐留学监督人选。

容闳正欲道谢，却看到丁日昌脸色有些犹豫，连忙问："是否有什么为难的地方？"

"确有一事。"丁日昌说，"在上报朝廷的奏折中，总办①人选是刑部主

_____

① 即幼童出洋肄业局的主要负责人，亦有记录写作"正监督"。容闳担任肄业局帮办。

事陈兰彬 [①]，纯甫你只能位列副职。"怕容闳心有芥蒂，丁连忙解释，幼童留洋与中国旧存教育义理相悖，陈兰彬科举出身，由他担任监督，留学计划不会遭到朝廷旧学派的极端反对，也能减少计划实行的阻力。他边说边摇头："朝中大臣甚为守旧，如果把你个人推到前面，恐怕难以抵挡他们的非议和反对。"

容闳一听，顿时明白丁日昌的为难之处。自己本是留学计划的发起者，却不能主持，丁日昌心中不安。想到这里，他连忙摆手，说："无妨，这样的安排很好。您也知道留学计划是我毕生所愿，只要计划能顺利施行，我的个人得失并不重要。"

这番话让丁日昌肃然起敬："纯甫此等胸襟，实在让人敬佩。只恨朝中守旧势力太大，任何革新之举，都寸步难行。为了避免功败垂成，实在是委屈你了。"

此后，容闳又与曾国藩确定了出洋学生的人数、设立预备学校、留学经费来源和留学年限。为了管理好留学事务，设立专门机构"幼童出洋肄业局"（简称"出洋肄业局"或"肄业局"，也有文献称为"中国留学事务所"）。预设监督两人，由陈兰彬和容闳分别担任正副职。陈兰彬负责幼童留美期间的汉文学习，容闳专职监管幼童的国外教育并为其安置住所，经费开销由两人共同管理。为了让幼童能够继续学习汉文，另派汉文教习叶绪东、容增祥，翻译则为曾兰生。

关于出洋幼童资格及选拔规定如下：要求年龄在十二岁至十五岁之

---

① 陈兰彬（1816—1895），字荔秋（丽秋），号君畹，广东高州府吴川县人。晚清时期大臣、学者，首任中国驻美公使。1853 年中进士，1872 年，以留学监督身份率领第一批留学生 30 人赴美。1878 年，以太常寺卿身份出使美国、西班牙、秘鲁；后奉调回国，历任兵部、礼部侍郎及会试阅卷大臣等职。

间；必须身家清白，有可靠的保人；要经过医生检查身体，才算合格。考试科目为汉文读写，如果曾经进入学校并学习过英文，还需要通过英文考试。考试及格以后，要进入预备学校随教习学习英文及继续学习汉文，至少满一年后才可赴美留学。

幼童父母与保人都必须亲笔签署志愿书。书中写明自愿送子弟出洋留学 15 年（自在美入学之日起至学成归国），其间倘有疾病或死亡，政府皆不负责。官派留学生不许半途而返，也不许加入外国籍，不许在中国之外国家另谋他业。

出洋幼童的教育经费，皆由政府出资。每批赴美幼童均派有汉文教习陪同，并有公款备装。

经过与容闳的商议后，曾国藩在 1870 年写成《调陈兰彬差遣江南》，在 1871 年与李鸿章联名写奏折《奏选派幼童赴美肄业办理章程折》，上奏朝廷。奏折强调选派幼童留美的必要性和紧迫性，依据中美签订的《蒲安臣条约》可互派学生留学，此外还确定了经费来源和监督人选，并拟定留学章程。

留学章程全面涵盖了幼童留美的全部内容，包括外交上照会美国政府、设局招生考试，选拔标准和人数、留学经费分配细目、留学年限，教习、翻译和委员的待遇，学生来回费用和生活费用，考验和学籍管理等。这些法规都是在容闳留学建议基础上进行延伸与注释，从中可以看出容闳对于近代留学教育的重要作用与地位。

与此同时，容闳从南京返回上海，立刻投入筹办留美幼童出国预备学校。在容闳心中，自己为之奔走的，不仅仅是个人的梦想，还有整个古老中国的未来。

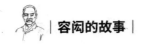

对于曾国藩，这位实现自己人生梦想的伯乐，容闳在自传中极尽赞美之词，感激他对于留美幼童计划的支持。容闳甚至认为，莘莘学子得以接受文明教育，都是曾公的遗泽。曾公的政治业绩、爱国精神及为人处事，也超过了同时代的人，犹如耸立于喜马拉雅山上的珠穆朗玛峰，即使是李鸿章也远远不及。

事实上，无论是曾国藩还是李鸿章，洋务派的目的是"师夷长技以制夷"。无论是创办外语学堂、军事学堂、专业技术学堂，还是幼童留美计划，都是培养掌握先进技术的人才。当时聘请"洋教习"，经费开支大，易受洋人愚弄，并只能收到短期效果。如果要真正掌握先进技术，仍然要依靠派遣留学生。而天津教案中，国力、外交、军事上的困境，也促成了留学生的派遣。

另外，1868年清政府与美国政府签订的《蒲安臣条约》中约定中美双方可以互派留学生，为两国文化教育交流提供了便利。幼童留美计划，就在这样一个天时地利人和的背景下开始了。

2
# 返乡招生

1871 开始，容闳开始为留学计划奔走招生。然而即使到了夏天，首批的 30 名留学生仍未能招满，容闳不得不前往香港宣传招生，准备招募受过英汉教育的聪颖学生。

粤港等地的百姓更早接触西方文化，思想更为开化，更能接受子弟留学海外。这些人听容闳介绍了留美幼童计划后，又纷纷向亲友们推广，推荐适合的子弟报读。其中，第一批留美幼童中的詹天佑，在 1872 年经由邻居介绍报名。

詹天佑祖籍安徽婺源，因曾祖父经销茶叶定居广州。第二次鸦片战争时，詹氏茶行破产，年幼的詹天佑跟随父亲詹兴洪回到南海农村定居。詹家的邻居谭柏村在香港谋生，恰巧听到容闳的招生宣传，觉得很有道理，认识到幼童留洋于国于家都有利，便回乡向乡邻宣传。

谭柏村回到南海后，第一个想到的就是邻居詹兴洪聪慧的儿子。于是，当晚他就前往詹家拜访，劝说詹父将聪慧的詹天佑送去留洋。但是，詹兴洪仍受到传统观念影响，认为考科举、中举人才是正统之途，不太愿意把孩子送到国外留学。

"考举人当然好，但你看看，有多少人头发胡子都白了还是考不中？"谭柏村继续做邻居的思想工作。他说："国家选派官学生留洋读书，不花我们一分钱，孩子将来学成归国服务国家，前途大好，何乐不为？"

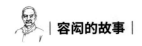

　　这番话合情合理，加上还有容闳、黄宽和黄胜等人留洋后事业有成的例子，詹兴洪的顾虑打消了不少。为了让詹家放心，谭柏村当场将女儿谭菊珍许配给詹天佑，定下婚约。这让詹兴洪吃下定心丸，写下送子出洋的具结书。

　　在当时，留美幼童出洋留学都必须签署具结书，书中写明留洋子弟归国后要服从政府安排差遣，如有疾病生死，各安天命，不得埋怨政府。

　　今天，这份具结书被收录在詹氏族谱当中，具体内容如下：

　　"具结人詹兴洪今与具结事：

　　兹有子天佑，情愿送赴宪局带往花期国肄业，学习机艺，回来之日听从中国差遣，不得在外国逗留生理。倘有疾病生死，各安天命。此结是实。

　　童男詹天佑，年十二岁，身中，面圆白，徽州府婺源县人士。

　　曾祖文贤，祖世鸾，父兴洪。

同治十一年三月十五日

詹兴洪亲笔画押

　　可是，容闳的招生过程依旧困难重重。首先，当时中国社会深受儒家思想影响，大多数家庭恪守"父母在，不远游"的封建孝道，不愿让子女漂洋过海到大洋彼岸求学；传统知识分子也把西方的科技当成奇技淫巧，认为只有四书五经等儒家学问才是正统。

　　其次，两次鸦片战争中外国侵略者烧杀抢掠的残暴形象，也让中国家庭难以放心。有的家长本有意向让孩子报名，可一听到"洋人会把中国人剥皮挖眼"之类的传闻，当即打消了留学念头。而且幼童要远离家庭，孤身在外生活15年，也让家长牵挂担忧。以上种种因素，致使招生工作阻力重重。

面对困难，容闳迎难而上。1871 年他回到故乡宣传招生，先用自己在美国的实际经历，大力驳斥洋人残害中国人的谬论。然后又举出同学黄宽、黄胜和自己的例子，说明留学的重要意义。

"各位乡亲，我是南屏农村仔，因为留过洋，现在为朝廷做事。黄宽、黄胜，我们一起去美国，他们现在做医生、做翻译，如果没读书、留洋，怎会有现在的成就！"

这番话说得乡亲们连连点头，容闳现在是五品江苏候补同知，朝廷敕封的出洋委员，确实是留洋改变命运。

"另外，留洋读书更是利国利民的大好事。如果中国子弟人人有知识，有文化，国家强大了，我们还怎么会受人欺凌！"

容闳话音刚落，乡邻们纷纷鼓掌叫好。容闳的兄长容达苗，更是当场为自己的儿子容尚谦报名，起了带头作用。此后容氏子弟及广东香山、新会等地的百姓，积极送子弟出洋。出自容氏一族的留美幼童，就有容尚谦、容揆、容星桥等人，这不能不说是容闳积极发动乡亲所取得的成绩。

回顾 1872 年至 1875 年四批赴美幼童的档案，有如下明显特点：

第一，幼童籍贯多为南中国沿海乡村城镇，派出地域极为集中，广东籍幼童 84 人，占总数近七成。而容闳祖籍地香山县籍贯幼童则有 40 人之多。幼童籍贯集中于中国东南沿海，广东尤得风气之先，这与广东沿海最先接触国外思想文化有密切关系。

第二，留学幼童家境贫寒，出身低微。他们普遍来自穷乡僻壤或穷苦的城镇居民，而无一人出自清朝贵族或富贵人家。虽然官方说明挑选幼童不分满汉子弟，但是满族贵族子弟与富贵大户人家无人报名。

第三，留学幼童年龄较小。四批留学生中，年龄最大的 16 岁，最小 10 岁，大多数在 11—13 岁之间。因学童年幼易于掌握外语，而且留学 15 年后，正值青春壮年时期，归国后有较长时间报效国家。

容闳回乡招生时，也趁此机会前去拜祭双亲。距离 1855 年大学毕业回乡探亲，又过去了 17 年。然而，南屏乡的生活依然清贫，容闳一心琢磨着为乡亲们做件实事。

他在村里走了一圈，发现村中仍然没有学校，容氏子弟不得不到外地上学，或者根本没有机会读书。由于教育基础薄弱，能够参加科举的人寥寥无几。

容闳深知教育对改变国家面貌和个人境遇的重要性，决心在家乡兴建一所学校，供乡亲子弟入学读书。容闳告知族中长老自己的打算，老人们感激他造福乡里的心意，但还是劝他说，容家祖屋破旧倒塌，是否应当先修葺一番。

"阿闳啊，你回来连住都没得住，是不是先修一下祖屋？学堂迟一点也不怕。"

容闳听罢连连摇头。"只有入学堂读书，农家子弟才有出路。先办学堂，修房的事以后再说。"

容闳态度坚决，自己带头捐出 500 两白银，乡亲们大为感动，热烈地响应办学倡议。容闳好友、著名学者王韬在《征设香山南屏乡义学序》中提到容闳"所拟章程，集思广益，所筹经费，就众输赀，先之以履亩抽征，继捐之于富家殷户，务得其平，一乡之人，无不踊跃"。

学校被命名为"甄贤社学"。大家都认为这个名字很好——"甄别贤才"，为容氏教育子弟，为国家选拔人才。甄贤社学于 1872 年开办，首批招生 30 人。到 19 世纪末，甄贤社学扩展为四个分社，分别设在乡内盛茂祠、松隐祠、濠湾祠、良祖祠，各聘教师一人，学生总数逾百人，影响广泛。

王韬的《征设香山南屏乡义学序》中，肯定了容闳倡设甄贤学校的目的和作用。容闳设立"义学"，目的是"教育子弟，造就人才，以备他日国家之用"。具体作用在于"补官学之不及"，通过义学实施乡村社会教化，避免村中贫寒子弟"荒于嬉戏，习于游惰"。通过学堂教育人才，选拔其中出类拔萃者，任由国家选拔采用。王韬认为容闳倡设义学"敦风俗，崇教化，育英才"，其发动乡绅民众自筹经费的方法，都是值得推广的。

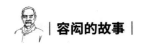 

## 3
# 赴美预备

为了让幼童尽快适应留学生活，在容闳的提议下，出洋预备学校在上海山东路成立。被录取的幼童在此学习英语，补习汉文，还有美国社会风俗礼节、文化背景的教育训练。

第一批 30 名幼童在赴美前，在预备学校接受了一年的严格教育。《沪局肄业章程》中规定了预备学校一天的作息时间：夏令时早上五六点钟起床后学习新课；八点吃早餐、习字，然后教师进行授课，直到中午十二点吃午饭；下午一点到三点钟复习功课，教师答疑；下午四点到六点，学习外语；晚上九点就寝。冬令时节作息时间推迟一小时，此外秋冬季晚上七点到九点学习中国书籍或古文、先贤格言。每半年考试一次，成绩优秀者受到表扬，成绩差者要处罚。

据幼童温秉忠回忆预备学校的生活，只有中国阴历年、五月端午节及八月中秋节，学生才能放假。课程虽然不多，"但每科必须精念细读，强迫背诵古书"。所以幼童在预备学校时读书时间多，而游戏时间少，人人勤奋刻苦。

此外，预备学校的管理也很严格。学生平时不许随便出门玩耍。如果有必要事情出门，需要禀告校长和教师，说明请假事由、回来时间。私自外出三次者将从学校除名，不许再报名。

1872 年夏季，首批 30 名赴美幼童举行了出国前的最后一次统考，全部学生考核及格，他们掌握了简单的英语对话，也懂得了外交规矩、政策，能够在官员面前得体应对。

在出国前两天，清政府组织学生到上海海关道台衙门向道台大人叩头谢恩，以及前往美国领事馆拜访驻上海领事馆总领事，感谢他们的积极联络和关照。对于幼童们而言，去拜会上海最高长官海关道台，是如同觐见皇帝一样的大事。道台特许幼童们抬头看自己，以示恩典。第二天去拜会美国驻上海总领事，总领事也热情地接待了留学幼童们。

1872 年 8 月 12 日，肄业局总监督陈兰彬、汉文教习容增祥、英文翻译曾兰生等人员，和幼童们一同乘搭轮船前往美国。幼童们提着自己的行李鱼贯登船，他们的行李都由政府统一配发，包括行李箱、一套铺盖和一身长袍马褂。

海港码头站满了送别的人群。随着汽笛一声长鸣，这群平均年龄不过 12 岁的孩子们就此离开祖国，远赴重洋。这些孩子在留学过程中不许半途而返，也不得加入外国籍，毕业后必须回国听候国家差遣。

此次离别，重逢将在十数年后。船上与岸上渐渐响起哭泣声，无数离别的泪水洒落黄浦江。

轮船缓缓穿过吴淞口，驶入了碧波万里的太平洋。幼童们第一次乘船出洋，看到无边的巨浪不免心生恐惧；加上风浪颠簸，更让不少人呕吐晕船，苦不堪言。但五六天以后，孩子们适应了乘船旅行，展露出少年人特有的朝气与活泼：太阳升起时，他们跑到甲板上观赏壮丽的景色，为之啧啧称奇；看到船上饲养的奶牛和羊，他们叽叽喳喳地议论起来，好奇不已。

经过 28 天的航行，载着首批留美幼童的轮船终于抵达旧金山。幼童

们在旧金山的港口看到各国轮船，繁华的城市里矗立着高楼大厦，一幕幕迥异于故土的景色，给每个人都留下了深刻的印象。

在旧金山停留三天后，留学生们又乘坐火车穿越美国大陆，前往东部的纽约。旅程前两天，火车呼啸着穿过洛基山的隧道，在苍翠的群山中行驶，然后进入美国中西部辽阔的草原。

每当火车奔驰，野牛群就飞快地沿着铁路飞奔，扬起滚滚尘土。未开化的印第安人骑在没有马鞍的马背上，用弓箭追猎射杀野牛。这又是一番与故乡全然不同的景象，在幼童的眼里都格外新奇。

抵达纽约后，幼童们继续换乘车辆前往斯普林菲尔德。先行赴美统筹事务的容闳，就在此等候他们。他将幼童们分散成三三两两的小组，安顿在当地居民家庭当中。幼童与美国居民家庭成员生活在一起，更容易适应美国社会生活和学习语言，也方便就近上学。

不过，铁路沿途除了壮美风光，也有危险的劫匪。1873 年 6 月，黄胜和容增祥携带第二批留美幼童从上海出发。幼童抵达旧金山后乘火车前往纽约。途经艾奥瓦州时，因为劫匪袭击，火车出轨，有两列车厢翻侧，行李车被当时美国有名的大盗杰姆斯兄弟团伙洗劫一空。所幸幼童们和领队教习们在另一节车厢中，并没有受到伤害。

1874 年 11 月，第三批幼童顺利抵达春田市，第四批幼童也于 1875 年到达美国。出洋肄业局在美国总部也在同年落成。1874 年，容闳向李鸿章请求修建大楼，作为永久性的出洋肄业局驻美总部。容闳坦言自己希望通过建有物业，让肄业局扎根于美国，使清政府无法撤销留美计划。大楼建在哈特福德市柯林斯街，于 1875 年 1 月启用。

至此，留美幼童计划的种子，终于开始生根、发芽。

# 4
# 美国家庭

为了统筹安排好幼童在美的学习生活，容闳在 1872 年提前一个月赴美。他从纽约借道纽黑文，再抵达马萨诸塞州的斯普林菲尔德市，打算在此地迎接幼童和出洋肄业局的其他成员。

在此之前，容闳写信给耶鲁大学校长的诺亚·波特教授，告知中国政府批准了幼童留美计划，说明政府"最希望他们学习之专业为陆军、海军、医学、法律和土工程学"，期盼幼童在化学、自然哲学、地质学及天文学知识方面有所成就。这些科目，也正是洋务派急需之人才。

容闳在信中向波特请教，如何为中国幼童们安排最好的教育模式，因为学生们既要持续地学习汉语知识，也要兼顾在美国的课程。在信中他也提到了自己的一些设想，如将幼童送至乡村，相比于城市生活费用更低，并且更利于学生养成良好习惯以及坚毅的性格。另外，他咨询是否该把幼童分散送入寄宿家庭，或者送入寄宿学校，以及是否需要在抵达美国后立刻分开幼童。

容闳认为这些问题"较为重要"，盼望在抵达纽黑文时波特能够"不吝赐教"，以便赴美时预先做好前期安排。

波特回信建议容闳将学生两三人分散到寄宿家庭，加快学生学习语言和融入美国社会的速度，以更好地适应留学生活。这和其他教育界人士给予的建议基本一致。

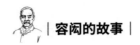

原本容闳打算将肄业局总部设置在斯普林菲尔德市。但当时美国东北部的新英格兰地区拥有全美国最好的教育环境，在朋友们的建议下，容闳选择了康涅狄格州首府哈特福德市作为肄业局总部所在地。斯普林菲尔德则被当作接待、安顿留美幼童安顿幼童的中转站，直到 1875 年才结束。

幼童抵达美国后，采用分散落户住宿与出洋肄业局集中管理相结合的办法进行安置。120 名幼童分成两或三人的小组，分散在新英格兰地区及周边 45 个城镇、65 户居民家中，就近入读当地小学或中学。

这样的安排，能让幼童更加深入接触美国社会。但是，初到美国社会，风土人情的差异也让孩子们闹过笑话。第二批幼童李恩富当年被安顿在斯普林菲尔德的威利夫人家。威利夫人慈祥又热情，为了早点见到远道而来的中国小客人，全家人乘着马车前来迎接。

一见到李恩富和容揆两位幼童，威利夫人立刻拥抱了这两个孩子，还在李恩富脸上留下一个大大的亲吻，以示对孩子们的喜爱。可对于不了解美国习俗的幼童们来说，这种表达欢迎的方式实在太过亲昵和唐突，腼腆的李恩富羞得满脸通红，其他的孩子则哄堂大笑。

事实上，美国家庭对中国小客人的热情，并不光停留在表面。他们主动腾出干净的房间，提供生活用品和用具，关心幼童们起居饮食，耐心辅导他们学习英语，让幼童们感受到了家庭的温暖。

容闳的侄子、第一批留美幼童容尚谦，抵达斯普林菲尔德后，与钟文耀一同交由麦克林夫人照料。麦克林夫人曾是容闳和黄宽的老师，对于这批第二代的留学生，她依然热情，教孩子们学习英文，其妹布朗小姐则教他们绘画。这也培养了容尚谦对艺术的喜爱。后来，第二批幼童唐元湛、蔡廷干也加入这个大家庭。大家相互学习，氛围融洽。

可惜麦克林夫人后来健康欠佳，不得不提前结束对幼童们的照顾。容尚谦被送到哈特福德市的布尔班克家，由班克斯家两位姐妹照顾。这两位女士同样给予了他莫大的关爱，对他的精神品德进行引导。容尚谦将她们当作第二母亲，对于她们的关怀照料，终身感激。

在第三批幼童领队祁兆熙的日记里，从教师的视角记录了寄宿家庭对幼童的关爱。第三批幼童朱宝奎抵达当天，寄宿家庭便为他们整理好衣服，准备好书桌、床铺。两个孩子同睡一张大床，床上早已铺好了干净的被褥。

祁兆熙发现，寄宿家庭的女主人还细心地将幼童们使用的手帕缝了边，嘱咐孩子们拿苹果来送给中国的师长，可见这些美国家庭不仅在生活上对幼童关怀备至，还精心地培养他们的言行品格，使得孩子们落落大方，举止得体。寄宿家庭在日常生活中渗透式地教授英语，结合生活场景教一句、写一句，促使留美幼童较快提高外语水平，融入社会。

在美国友人全方位的关心帮助下，幼童们适应得很快，并且与房东家人建立了良好的关系，"爱之情，几同母子"。每当回忆起在美国的寄宿生活时，幼童们总是满怀感激感谢之情。第一批赴美幼童黄开甲，在美国受到巴特拉夫人一家的热情款待。回国以后，他致信巴特拉夫人，在信中写道："你的家庭曾给我许多爱和启示，使我永念不忘。下次有机会赴美，我将首先来看你们，是您的家庭才造就了今日的我。"

第一批赴美幼童罗国瑞，寄住在美国人威利·诺索布家中。留学三十年后，他在 1907 年写给威利的信件中说："读您的信，使我回忆起在西海芬我们共同的童年。那里有海滩与树林，我相信我一生最快乐的日子就是在那里度过的。人人是那样和蔼可亲，而最使孩子们念念不忘的是那丰盛

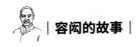

可口的食物。就在这种无忧无虑的环境中，我们共同步入成年。"时隔数十年，留美幼童感激之情仍未退减。

第二批赴美幼童温秉忠，寄住在查理先生家中。据他回忆："中国幼童与食宿一同的美国家庭及中学、大学同学们均建立深厚之友谊。故启行之日，幼童与童年朋友告别，人人均很伤感。最重要的是，美国老师及监护人那种'家长式的爱护'，使幼童们铭感不忘。""家长式的爱护"，是幼童对美国教师与监护人们最高的评价，由衷地感谢美国朋友对他们的呵护。

# 5
# 出洋肄业局大楼

1875 年，最后一批留美幼童抵达美国，出洋肄业局大楼也在同年启用，留学事务步入正轨。根据《幼童在外国肄业章程》规定，幼童先学习语言，然后在大学里分别学习算数、天文、海事、军政、法律等专业。留学以 15 年为限，这让幼童在完成大学学业以后，还有两年时间用于毕业进修或前往欧洲考察实践，以检验学生的学习成果。

这一培养方案不仅考虑了学生在美国的学习年限，还安排了两年时间供学生进行游历、就业，以考验他们的学习成果，使学生能够亲身接触行业，具有实际工作经验，回国服务也能更好地开展工作。可以说，容闳的留学计划，考虑得非常周到。

在肄业局的严格管理下，幼童们以惊人的速度跨越了语言障碍，在各所就读学校中均表现优异。社会舆论与报刊媒体都称赞留美幼童的进步。《纽约时报》称："中国幼童均来自良好高尚家庭，经历考试始获甄选。他们机警、好学、聪明、智慧。像由古老亚洲来的幼童那样能克服外国语言困难，且能学有所成，吾人美国子弟是无法达成的。"上海《万国公报》评论也称赞说："中国发往美国学生……所学之语言文字日有进境，且能循规蹈矩，皆堪造之才。"

这样的成绩与幼童们自身的刻苦努力分不开。容尚谦在留学时曾患上眼疾和血液病，12 岁时他体重仅有 40.8 斤，远低于同龄儿童。医生甚至断

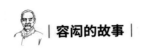 

定他的身体状况无法再继续学业，要将他遣送回国。幸运的是，容尚谦最后康复了。但因为生病，他的功课远落后于同学。

面对可能留级的情况，容尚谦他想起父亲曾经讲过叔叔留学时刻苦求学的经历，想起叔叔时常教育他们，留洋求学是为了报效国家，让祖国和家人不再受欺辱。叔叔充满期盼和鼓励的眼神，以及那些激励人心的话语，时常在小小的少年心中浮现。

因此，容尚谦不但没有放弃，反而更加努力学习以弥补落后的学业。他把所有空余的时间都用在学习上，不浪费任何一个小时，通过勤奋苦学来弥补生病所造成的精神和身体损失。付出极大的努力以后，他终于以平均年龄进入哈特福德公立高中。而留美幼童当中，像他一样刻苦学习的不在少数。

除了美国普通中小学的课程，留美幼童还要定期到出洋肄业局进行集中的汉语学习，并且要参加考核，按照成绩等次汇报清政府。

留学计划开始时，肄业局的办公地点设在斯普林菲尔德，是容闳临时租用的房子。该处办公地点有三层，第一层设有客厅和书房，书房内有《汉书》《三国志》《胡文忠公集》等中国书籍。第二层房间设有孔子牌位，供人朝拜。第三层是肄业局管理人员和汉语教师的办公室。当时除了容闳和陈兰彬两位正副委员（监督），肄业局的工作人员还有汉文教师叶绪东和英语翻译曾兰生。

在学生管理方面，陈兰彬专门负责学生的汉文教育还有礼仪集会，并负责主持祭祀孔子和望阙行礼。容闳负责督导留学生的专业文化科学方面的教学管理，专管学生的智育和体育。肄业局的经费则由两个委员共同商定使用。

1874 年，事务所又搬到附近另一所较为宽敞的房屋，以腾出更大的空间作为留美幼童的汉语教室。第二处地点也是租借来的房屋，容闳觉得租房颇为不便，而且为了促成出洋肄业局能够永久扎根美国，他向李鸿章申请建造一栋规模更大、能容纳所有留学生的楼房。

李鸿章在 1874 年 5 月批准了容闳的申请，命他在哈特福德建造一座三层楼房，作为出洋肄业局的永久性办公地点。容闳当即动手操办，新大楼位于柯林斯街 352 号，入夏后立即开始施工，并于次年 1 月竣工，工程耗资 7.5 万美元。大楼有三层，可容纳肄业局委员、教师和学生，最多可达 75 人。其中有一间大教室，专门用来教授汉文，此外还有餐厅、厨房和学生的卧室、浴室等。

新建的事务所承担了五项职能：一是集中所有留学生训话，宣讲周知事项，宣布必须遵守的纪律制度；二是提供足够宽敞的教室，由中国教习教授汉文；三是集中全体学生进行道德教育，定期举办祭孔和望阙行礼活动；四是邀请美国专家和教师进行讲座；五是与学生房东、监护人及教师进行座谈或节日联欢。

幼童的汉语学习安排，是 12 名幼童为一组，14 天为一期，轮流到肄业局大楼上课。由国内委派的汉文老师讲解《孝经》、儒家四书五经及国家律例等内容。完成两周的学习后，幼童可以返回寄宿家庭，其他小组则按照安排前来上课。每逢周六日或学校放假时，留学生们也必须到肄业局集中学习。因为要兼顾美国学校及肄业局的汉文学习，幼童们的课业远比美国同龄人的要繁重。

出洋肄业局曾向学生宣读"谕告"，其中提到："要思出洋本意，是令尔等学外国功夫，不是令尔等忘本国规矩。""至洋文、汉文，更要融会贯

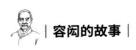

通，方为有用……尔等当先于学中完毕功课之时，少歇息后，抽出闲谈及作无益诸事功夫，即将四书温习，或相互讲论。日计不足，月计有余。总之，洋文、汉文事同一理。"诸生其熟思紧记，以期学业日长，义理日明，为中国有用人才。"这份谕告，强调了要幼童要遵循"立定主义"，认真温习四书等儒家经典。

所以，肄业局抓紧了传统文化和小学课程的教学，主要是写字、讲论、作文、小楷等课程。针对幼童学习兴趣不足的情况，特别订立了奖惩条例，规定优秀学生有奖学金，数额银圆5角到3元不等。而不遵守规定完成作业的，则要受到惩罚。课后作业则可由幼童们带回家完成，然后寄回肄业局，让汉文老师进行批改，每月讲解一次。

在繁重艰深的文化学习之外，幼童还必须参加肄业局组织的"祭孔"和"望阙行礼"等活动。这两项活动被视为强化留学生"忠君""尊孔"封建伦理道德的思想教育。在《幼童在外国肄业章程》中，明确规定"每遇房虚昴星日，正副二员督率教习，集各童于公寓，宣讲圣谕，广训以尊亲上之义"，强调"庶免入异学"。

按照清政府的要求，陈兰彬、容闳在规定时间内，在肄业局大楼的至圣殿宣讲《圣谕广训》。至圣殿正面摆放着"大成至圣先师"孔子的肖像。每逢初一、十五和新年、中秋、重阳三大节日，陈、容两位委员及教师要率领全体幼童实行"望阙行礼"仪式，行三跪九叩之礼，遥祝皇上、皇太后"龙体安康""万寿无疆"，强化大清子民的身份，要恪守"尊君亲上"的思想底线，以免学生被西学异化。

不管是汉文学习，还是拜祭仪式，对于幼童们来说，肄业局总部大楼的所有活动，都不是什么愉快的回忆。容尚谦在回忆录中写道："这座华丽而新颖的建筑（指修建在柯林斯大街上的肄业局大楼），连同它的地下室，却被孩子们起了个诨名'地狱之家'，因为他们必须在学校或学院放假的日子里，来这里学中文，为他们所犯的过失或懈怠受斥责，而批评和指责是不容申辩的。"森严的等级制度和束缚少年天性的封建伦理，让逐步经受现代文明洗礼的幼童们感到压抑、厌恶。

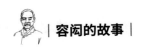

# 6

## 崭露头角

尽管留学计划中有各种掣肘幼童成长的条条框框，容闳还是不顾保守派的反对，坚持根据幼童好动、好玩、求知欲好奇心强的特点，积极开展文娱体育活动和参观活动，以扩展他们的视野，培养团结协作、勇敢坚毅等品质。

相应地，幼童们经过刻苦努力，适应了美国的学习生活后，纷纷展露出孩童活泼、积极的天性。在课业上他们毫不逊色于美国孩子，在运动场上，他们也让人刮目相看。

容闳鼓励幼童们参加文娱体育活动，组织幼童参加足球、篮球、棒球、曲棍球、溜冰、跑步、跳舞、钓鱼等活动。这些运动对于正处于身体发育时期的幼童而言，特别具有积极意义和吸引力，幼童们都踊跃参与。根据兴趣，幼童们成立了棒球队、篮球队、田径队等，参加各种有益身心的训练，并且在学校的体育竞赛活动中崭露头角。其中詹天佑、黄开甲、梁敦彦、蔡绍基等人组成"中华棒球队"，在节假日同美国朋友开展竞赛活动，增进友谊。

曾经照料过幼童的美国监护人回忆，幼童们喜欢各种运动，尤其喜欢棒球。耶鲁大学著名教授李洪·菲利普博士，原在哈特福德生活，他的中学时代与幼童们一起度过。菲利普回忆起"中国的同学"，说他们擅长排球、足球、冰上曲棍球，尤其是溜冰技艺已经达到巅峰，与普通的美国青少年无二。他还记得在脚踏车刚问世时，学校里第一个有脚踏车的孩子就是中国同学"张"。这个让人印象深刻的"张"，其实是第一批留美幼童中的曾笃恭。

而在耶鲁大学中，留美幼童钟文耀是耶鲁大学划船队的队长和舵手，校际比赛经常由他指挥，由于他高超的指挥和技术水平，使耶鲁大学连续在 1880 年和 1881 年击败了哈佛大学划船队，蝉联冠军，他也因而受到了同学们的敬仰。据耶鲁大学历史系教授白杉菊回忆，钟文耀会事先到要比赛的河道，把准备好的木块扔进水中，观察风力如何推动木块在水中运动，从而推知水流和风会如何作用于行船。然后，在比赛指挥时便胸有成竹。

据就读学校留下来的相关记录，幼童们在运动场上表现出的良好体育道德风范为人所称道。他们待人接物彬彬有礼，长于各项运动，天资又高，不但体育好，而且各门功课都好。在师长的心目中，中国学生属于"最为出色的学生"。

在安排有益幼童身心的活动的同时，容闳还积极与美国相关单位联系，组织幼童参观展览会、博览会和工厂等，并举办郊游活动，以拓展他们的视野，增长才干。

1876 年是美国独立 100 周年，美国政府在费城举办世界博览大会，专门设立了中国展馆。容闳组织幼童前往参观。当时中国官员李圭①正出访美国，也参观了博览会。他亲眼见到前来参观的中国幼童，这些中国少年

① 李圭（1842—1903），字小池，江苏江宁（今南京）人，23 岁受聘担任宁波海关副税务司霍博逊的秘书，系中国近代邮政倡导者之一。1876 年，赫德委派他前往美国费城参加美国建国 100 周年博览会，李圭回国后将其在美期间的考察、见闻写出《环游地球新录》一书。书中记录了在博览会上遇到留美幼童的事情。

的彬彬有礼、才思敏捷给他留下了深刻印象。

当时肄业局教习刘云房、邝容阶带领着 113 名幼童，从哈特福德前往费城参观。令李圭惊讶的，不仅是孩子们的聪慧和礼貌，还有他们流利的外语。当他知道幼童们不过是在学校学习了一年多，便有如此精熟的英文后，不禁连连赞叹。这些孩子穿着西式服装，外面套着短褂，在展览馆中参观游览，即使身处人群当中也淡定自若，毫无胆怯之态。李圭评价他们"吐属有外洋风派"，俨然不同于国内的同龄人的腼腆羞涩。

第二天，李圭与幼童们共进午餐。期间他问幼童："你们这次参观有什么收获呢？"

幼童们礼貌地回答道："我们在博览会上见到了很多从未见过的东西，大大增长了见识。其中新的器械、新的技法，我们都可以模仿、学习。博览会既能增长知识，又能加强各国的友谊和交流，大有益处。"

幼童还介绍说，出发前往参观前，老师嘱咐我们将博览会上的见闻记载下来，回去后用英语写议论文，完成后再翻译成中文。

李圭又问道："那你们觉得展览中有哪些东西是最好的？"

"如果是外国的物品，感觉印字法最好，中国的展品则是牙雕器。"

提到了中国之物，李圭不禁好奇："要离家 15 年，你们会想家吗？"

对于这个问题，幼童们陷入了一小会儿的沉默。但是很快有人回答李圭："想家也没有用。我们只有专心读书，终会有回家的日子。"

"这里的饮食起居如何？"

"吃的喝的都比较洁净，起居作息都有规定的时间，还有定期的运动，能够舒展身体，保持血气通畅，是保持身体健康的好方法。"

"寄宿家庭的主人对你们的照顾如何？"

说到这个问题，不少孩子都露出了笑容。"他们对待我们就像自己的孩子一样。即使是稍微感冒，他们也非常关心。不过哈特福德的水土宜人，我们很少生病。"

李圭听得连连点头，又问："你们为何穿着洋人的衣服呢？"

幼童们回答："不换洋装，有时候行动不便。我们不禁止换装，唯独不能剪去发辫，不能出入教堂。"

幼童们的回答言简意赅，又非常有礼貌，让李圭甚为喜爱。博览会的中国馆内，陈列着幼童在各类各级学校的作业及教师的教案。李圭参观了幼童们的作业，觉得他们的绘画、地图、算法、人物、花木，都可圈可点。所写的中文策论，如《游美记》《哈佛书馆》《庆贺百年大会序》《美国地土论》《风俗记》，文字也颇为通顺，并且每篇策论后均"附洋文数页，西人阅之，皆啧啧称赞"。

李圭在自己的游记中提到，他曾听说西方人重视实效，所以课程安排简单严谨，教学方法详细真实，教师与学生的感情也如同骨肉般亲密。现在这些留学生幼年出洋，却通晓事理，与教学方法及严格管理有密切关系。即使出来参观游历，教师也会要求他们写作文，不是一味玩耍，而是在游玩中学习，增长知识。这些孩子能够汲取西方教育的优点，经过这样的陶冶，怎么可能不成大器呢！

在费城博览会参观的第三天，美国总统格兰特接见了全体在费城参观的中国留美幼童，询问他们的生活学习情况，"勉励其用心学习""散时咸举手言别，有恋恋之情"。留美幼童，在中美两国人的关注下，正茁壮成长。

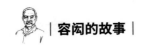
## 7

# 喜结良缘

除了留学计划，容闳还有一个梦想，希望能迎娶美国女性为妻。但留美八年，他未能遇到心仪之人。毕业回国，先是为了生活，后又为教育梦想四处奔走，成家之事不得不一拖再拖。

幼童赴美留学的时候，容闳已经年近五十，却仍然孑然一身，这让亲友们十分关心。推切尔牧师见他一直独自生活，便常劝他早日寻觅中意的伴侣，缔结婚姻。

数次劝说后，容闳也对好友坦陈心中的无奈：自己并非不愿结婚，只是难以觅得心仪对象。国内的女性无法理解他，在美国的中国女性也没有适合自己的。他乐意娶美国姑娘，可没有美国女郎愿意与他共谐连理。容闳想，既然已经耽搁了十几年，那还是先专注于自己的教育梦想吧。

只是连容闳也没有想到，留美幼童计划为他的姻缘牵起了红线。幼童初到美国，外语水平还不能完全应对学习生活需求，因此经常由寄宿家庭的家庭成员担任英语教师，为幼童们补习日常英语。

有一次，容闳前往哈特福德市凯洛格医生家，去走访了解寄宿的留美幼童情况。就在那一天，他邂逅了正为幼童补习英语的玛丽·凯洛格小姐。

这位凯洛格家的女郎当时芳龄23岁，有着一头金色的卷发以及秀美的容颜，身姿轻盈优美。她在补习的时候对待幼童态度亲切，讲解耐心细致，温柔的笑容缓解了幼童们的紧张，也给容闳留下了美好的印象，对她一见钟情。

然而，两人年龄相差了二十多岁，自己又是华人，年龄与种族的差距摆在眼前。对于玛丽小姐是否能接受他，容闳感到希望渺茫，心情低落。

容闳的变化逃不过推切尔牧师的眼睛。他开解容闳，得知好友心中的顾虑后，牧师成为容闳坚实的后盾，鼓励他大胆追求凯洛格小姐。

"我的朋友，你不觉得认识凯洛格小姐是上天的安排吗？你已经为了教育事业耽误了那么久，不要再错过佳人了。"

在好友的鼓励下，容闳向玛丽小姐表白。玛丽本来就对容闳颇有好感，后来更是被他的才华与抱负深深吸引，两人情投意合，真心相爱，得到了女方家长的支持与祝福。因为留美幼童计划结缘的两人，在1874年春进行了订婚仪式。当容闳结束了秘鲁华工调查工作后，两人在1875年2月24日完婚。

这场中西合璧的婚礼在哈特福德避难山公理会教堂举行，由推切尔牧师主持。多家美国当地媒体报道了容闳的婚礼，其中《纽约时报》在1875年3月2日刊登了关于容闳婚礼的报道。

报道介绍了容闳的身份、职位，讲述婚礼上容闳身着全套西式礼服，新娘玛丽小姐则身穿专程从中国运来的白绉纱裙，装饰有精美的丝绸花纹边，佩戴的传统头花颇为雅致。汉文教习叶绪东、容增祥参加了婚礼。婚礼的宴会既有西式餐点也有中餐菜肴，中西合璧的菜肴得到了宾客们的一致称赞。报道中提到容闳毕业于耶鲁大学，是修养极高的年轻人，在中国同胞中备受赞誉，皇帝和朝廷官员对他信任有加。从报道中，可以看出容闳在美国当地的影响力颇高。

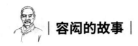

婚后两人在哈特福德市生活，感情甚好。长子马礼逊·容（Morrison Brown Yung，中文名容觐彤）在1876年5月出生，次子巴特利·容（Bartlett Golden Yung，中文名容觐槐）生于1879年1月。其中长子名字是为了纪念容闳少年时求学的马礼逊学校，以及将他带到美国并帮助自己完成学业的鲍留云牧师；次子名字的巴特利，则是为了纪念同样帮助过自己的巴特利先生。

两个孩子的中文名则根据容氏族规与辈分"兰"字取名。长子取名"觐彤"，族名"咏兰"。次子取名"觐槐"，族名为"嘉兰"。"觐"是古代大臣朝见天子，"彤"与"桐"同音，"槐"则是槐树。这两个名字蕴含了故乡南屏的风物，又极为高雅古朴，容闳牵挂故乡之心可见一斑。

容闳担任驻美公使的时候，经常偕妻子一同出席各国使节在华盛顿举办的社会活动和社交活动。玛丽作为中国首个驻美使团唯一的外交官夫人，丰富和拓宽了驻美使团的外交活动圈子。

1874—1875两年间，容闳操办留学事务的同时，还取得了加特林炮的中国独家代理权。在他的促成下，李鸿章批准订购了加特林炮。容闳考虑到如果仅仅引入武器，而不知道使用和维护的方法，还需要配备美国技师，多有不便。容闳对加特林炮的使用说明进行了翻译。1874年，《教会新报》第6卷第275期刊登了《选容纯甫司马译格林炮说略》，收录了容闳翻译的《译格林炮说略二十六条》和《译试炮较炮说略》。这些资料的翻译，对实际操作、试用大炮维修维护起到了极大的作用，也有利于培养中国本土的技术人才，武器的保养维护不需要假手于人，其苦心便在于此。

另外，看到了传媒舆论的重要影响力的容闳，认为"为中国计，为中华民族计，须办华人报纸"，决心创办报纸。1871 年，上海出现了第一家华人报纸《申报》。然而该报由英商美查兄弟创办，实际上"多为洋人舌"，难以做到公允。

因此，容闳发动同乡好友招商局总办唐廷枢，以及上海县知县叶顾之，吸纳他们的捐款，在 1874 年以 10000 两白银创办了华商企业新闻报《汇报》。《汇报》以"民族自主"的宗旨，反对外国商业侵略，为中国民族工商业讲话。针对成为西洋人喉舌的报纸传媒的崇洋媚外言论，声称："本局为中华日报，自宜求有益于华之事而言之，故于有利中国者无不直陈，而不必为西人讳。"

1876 年 6 月 29 日，容闳参加耶鲁大学毕业典礼，被授予荣誉法学博士。在收到博士学位证书以后，容闳致函耶鲁大学，感谢授予自己的荣誉，称自己"为中国及中国人民接受该荣誉，并将其当作世界上最年轻但最有活力之国家对最古老而最保守民族之褒奖"。

此后两年，容闳通过耶鲁大学图书馆馆长范内姆教授，向耶鲁大学捐赠了 40 种共 1237 册中文图书，包括四书五经等儒家典籍，也有《三字经》《百家姓》等启蒙读物，以及《李白诗选》《三国志》等文学作品，促进了中美文化交流。同时应耶鲁大学的要求，容闳又准备了全套"二十四史"、《大清律例全编》和《大清一统志》捐献给耶鲁大学，为中美文化交流贡献了一份力量。

第七章

# 秘鲁华工调查

# 1
# 接受委托

1873 年春，容闳回国，向李鸿章介绍了一种刚面世不久的美国武器。这种名为加特林炮[①]的新式武器，杀伤性强，对增强国防大有帮助。经过多番努力，容闳争取到了加特林公司的独家代理权；而李鸿章对这一武器也很满意，订购了五十门炮。

正当容闳为此事忙碌时，十月的一天，李鸿章忽然召见容闳，要他准备与秘鲁专使葛尔西耶见面，就招揽华人前往秘鲁工作的问题进行谈判。

华工出洋的历史可以追溯到鸦片战争之前。在鸦片战争后，清政府被迫打开国门，廉价又顺从的华工劳动力成为西方列强掠夺的资源之一。华工被诱骗或强迫签下契约，成为"契约华工"，也就是俗称的"猪仔"，如同奴隶一般被贩卖到世界各地。

1860 年，英法联军迫使清政府签订《北京条约》，允许汉人出洋务工，使得 18 世纪以来在中国沿海出现的契约华工贩卖活动合法化。但是自愿出洋的华人寥寥无几，所以人口贩子仍然以欺诈、掠拐等手段诱骗华工出国。

秘鲁位于南美洲西部，太平洋西岸。1824 年秘鲁从西班牙殖民地变为独立国家，经济发展的过程中劳动力缺口巨大。但当地种植园、铁路和矿山等地条件恶劣，工作艰辛，待遇极差，印第安人和欧洲移民都不愿意前

---

① 容闳自传原文中写作"格特林"。

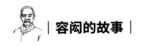

去工作。为了弥补用工缺口，1849 年秘鲁议会通过法案，允许中国人到秘鲁工作。

但直到 1860 年《北京条约》生效以前，清政府均视华工出国为非法行为。即使条约生效，清政府也规定"凡无条约之国，一概不许设局招工"。所以前往秘鲁的华工均为非法拐卖而来。

为了获得足够的华工，秘鲁人勾结葡萄牙人贩拐卖华工。这些人贩子获取华工的手段非常恶劣，要么直接绑架，要么哄骗华人拿自己的自由去赌博，一旦输钱或欠债，便要卖身给人贩子，永远失去自由。

据容尚谦回忆，他在幼年时见过在澳门被拐卖的华工，"在登船的路上，他们穿着俗丽的衣服，背着充实的背包。其实这些像样的衣服和背包，全是做给旁观者看的，以留下一个好印象。仿佛这些苦力缔结了一桩多么好的买卖；登上船后，这些东西统统被收回，留下一批使用。离开中国时，这些人所有的只不过是身上穿的衣服而已"。

华工不用支付路费和饮食费用，但是必须在种植园劳动 8 年，园主有权将华工转让或交换。期满不再续约，华工才能获得自由。他们在种植园、铁路、矿山或鸟粪岛从事种种繁重的体力工作，每天工作 12 小时以上，居住的地方只有棚屋，并且经常被监工、奴隶主毒打，处境极其可怜。

不堪忍受虐待的华工，通过各种途径向清政府求助。但是，清政府未与秘鲁建交，不能直接交涉，也无法设立领事馆庇护华工，只能通过美国居中传达，但收效甚微。1872 年 5 月，运载华工从澳门前往秘鲁的船只"玛也西"号在横滨维修。不堪忍受秘鲁船长虐待的华工跳船，被英国水手搭救后，秘鲁虐待华工的丑闻才得以曝光，这些中国工人的悲惨遭遇引起国际舆论哗然。秘鲁政府迫于舆论压力，派出专人前来签约。

由于容闳熟悉外洋事务，当秘鲁订约专使葛尔西耶抵达天津以后，李鸿章派容闳进行谈判。见面时，葛尔西耶非常和蔼，面带笑容地讲述秘鲁的工作如何之好，政府如何优待华工，前景如何可观等，仿佛中国政府与秘鲁签订条约，鼓励中国贫民移居秘鲁，是造福百姓的大好事。

葛尔西耶还想继续吹嘘，容闳毫不留情地打断了他："这都是谎言！我的同胞是被人诱拐签订卖身契，到秘鲁做牛做马！受尽凌辱！今天我就明明白白告诉你，不要希望我会助纣为虐，帮你签订这样野蛮的条约！"

接下来，容闳开始讲述自己亲眼所见的贩卖华工的事实，当场拆穿葛尔西耶的谎言。

1855年第一次回国时，容闳刚抵达澳门，便看到一排中国苦工，被人将发辫相连绑起，像奴隶般被押进囚禁室。华工必须待在囚室里，直到运奴船到来才能离开，凄惨遭遇与奴隶无异。

可上船并非噩梦的终结，不幸的命运还在继续。在船上，华工们被迫签下卖身契；上岸后，则被当成牲口进行拍卖。新主人将华工买回来，又重新和他们签订协约，虽然写明工作年限，实际上每当年限届满，主人必定会想方设法强迫重新签约，年复一年压榨华工的血汗，直到他们再也没有利用价值，便被赶出去，流落街头。

被骗后，华工想到将要在异国他乡遭受虐待之苦，不胜悲愤，所以运奴船航行到大洋之中，有的人便群起暴动以反抗。如果反抗失败就集体跳海自尽；可即使侥幸取胜，杀光人贩子和船主水手后，轮船失去掌舵之人，汪洋大海上又能到哪里去？最后华工也只能任由船只漂流，结局只能是饿死或投海而死。

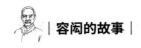

想到同胞们惨遭的虐待，容闳心酸又愤怒。他曾在广州抓获过拐卖华工的人贩子，为了惩治恶行，容闳让他们不分昼夜披枷带锁近两个月，以体验华工所受的痛苦。

现在，秘鲁专使却用谎言粉饰这人间惨剧。容闳无法遏制内心的怒火，大声对专使说："我不会帮助你促成这有违人道的贸易，还要详细禀报总督，劝说总督不要签约！"

这番话让葛尔西耶大失所望，立刻从和颜悦色变成勃然大怒，两人不欢而散。回到总督府，李鸿章听完容闳汇报的情况后，对他说："你此次回国正当其时。现在，我希望你能尽快返回哈特福德，并准备前往秘鲁调查当地华工的情况。"

事实上，在秘鲁专使到来之前，秘鲁虐待华工的情况已经在国内广为流传。加上"玛也西"号虐待华工事件，政府上下纷纷反对和秘鲁签订友好通商条约。但是，葛尔西耶巧舌如簧，声称华工在秘鲁绝无被虐待之事，反而几次三番向李鸿章施加压力，要求尽快签约。尽管清政府极力想要维护华工权益，却因为缺乏秘鲁华工情况的第一手资料，信息不对等的情况下，难以进行公平的和谈。

因此，调查秘鲁华工情况的任务，就交到了容闳手中。

# 2

# 秘鲁之行

1874 年 6 月 26 日，清政府与秘鲁签订了《中秘查办华工专条》和《中秘友好通商条约》，尽力为华工争取了权益。条约将在一年后，即 1875 年，两国完成换约后才会正式生效。

由于秘鲁方面断然否认虐待华工一事，李鸿章便派遣容闳前往秘鲁展开秘密调查，以掌握第一手资料。1874 年 9 月 1 日，容闳与好友推切尔牧师，还有未婚妻的兄长凯洛格医生从哈特福德出发，前往秘鲁首都利马进行调查，前后历时三个月。

容闳当时已年近五十，却精力充沛，一到立马就开始调查走访。他很快就弄清楚了当地华工的基本情况：从咸丰初年开始，秘鲁人勾结葡萄牙人贩拐卖华工，至今秘鲁境内已有华工 12 万余人。

通过面谈、收集书面证词等方式，容闳了解到华工几乎都是被拐卖诱骗到秘鲁做工，其中甚至有广东肇庆府高明县候补训导何思训之子何广培。华工与当地主人签订条约，规定劳动期限是 8 年，但 8 年期满以后，大部分华工会被勒令再做 3—5 年，甚至逾期十余年不放者也不罕见。

但是，容闳身为中国人，穿着西式服装，还能说一口流利的英语，在利马当地非常显眼，不免给调查造成一些阻碍。而且李鸿章委派他进行暗访，没有提供政府证明文件，致使他的人身安全难以保障，也让同行的友人非常担忧。

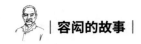 

秘鲁虽有官方制定的保护华工章程，但容闳担心偏远地区官民勾结，华工权益得不到保障，本想前往偏远山区及海岛上调查，却被利马的华人劳工们劝住。他们担心容闳继续深入秘鲁调查，可能会遭到官方的阻挠或者陷害，不仅难以完成调查任务，甚至还会有性命之危。

最后，调查小组找到一名美国人盖夜侈代为探访华工情况。盖夜侈在秘鲁管理榨糖机器十余年，熟悉环境，不易引起秘鲁当局的怀疑。容闳则通过美国驻秘鲁公使多玛斯，以及在秘鲁的美国人、智利人了解华工情况，并收集华工的口述和书面供述，尽可能全面掌握华工的实际境遇。

盖夜侈接受委托后，暗访秘鲁山区的山寮 17 座。他所见到的华工处境困苦至极。华工们缺衣少食，常遭鞭打，然而长时间的工作只换来每周 2—6 角银票的薪水，扣除食宿以后所剩无几。华工吃的粮食是霉变的稻米，连猪也不吃。哪怕是用米袋子改作衣服，也被农场主扣钱以抵债。这些中国工人待遇极差、营养不良，很多人都患有疾病，却得不到治疗，每一处山寮都宛如人间地狱，逃走、自尽的华工不计其数。

在秘鲁居住了五年的美国人爱宁遮也证实了中国劳工的惨况。他告诉容闳，自己曾住在美国蒙大拿州，当时认识的中国工人和商人，都是勤劳朴实之人，彼此友好相处。可在秘鲁见到的中国人几乎都跛脚、断手、瞎眼，不得不在街头行乞。爱宁遮对此感到非常奇怪，华人向来安分勤劳，为何在秘鲁如此不堪？后来他才知道，这些华工都是在秘鲁做工时被虐待致残，当他们无力劳作时，就被主人赶走，不得不在街头乞讨。在山寮中工作的中国人往往被当成最低贱的群体，即使同样是奴隶的黑人，也把虐待华工当作体面之事。华工之苦，难以一一尽书。

美国医生乌阿尔特沿着铁路行医，他告诉容闳在甘蔗农场、铁路沿线工作以及高山采石的华工情况。这些华工工作辛劳、衣食短缺，又水土不服，生病、受虐致死的多不胜数。

乌阿尔特曾见过某家制糖工坊来了 50 名新招聘的华工。这些人刚抵达时，身强体壮，衣着整洁，甚至在纽扣上还挂着牙刷。可以想象，这些中国劳工怀着外出谋生、改善家人生活的美好愿望来到秘鲁，却不曾想过自己已经堕入火坑。工人们从未接触过榨糖，也没有人进行指导，因此第一天就有六个人受伤被送到医馆。而他们操作失误则会引来监工的毒打，伤痛疾苦加上辱骂鞭打，一周之内有 6 名华工自尽，十天内 50 人皆遭鞭打。在乌阿尔特的记录中，一家诊所在 1872 年 7 月开门营业，仅仅 9 个月便接诊了数百名华工，其中 122 人身故。

对于残酷的命运，大多数华工只能逆来顺受。美国驻秘鲁公使多马斯告诉容闳，秘鲁人口本来众多，不需要到外国招工。但是本地人要求的薪水太高，又不能接受像奴隶一样为农场主日夜干活，所以这些艰辛的工作就让华工来做。华人在秘鲁言语不通，只能一切唯命是从，又不敢多要钱，成为了可以任意盘剥欺凌的对象。对于两国订立协约，多玛斯建议可以仿照印度章程，要秘鲁方面先以巨款现金作为担保，如果出现虐待华工等违约情况，可立即罚没担保金。

按照合约，华工为农场主人工作满八年以后，便可恢复自由身。这可以说是华工们为数不多的希望了。但秘鲁东主会想尽办法继续欺负压榨华工，甚至撕毁合约，逼迫他们继续为奴。管工中有智利人同情华工，想帮忙将卖身契转交给华人会馆，好让中国劳工顺利解约，不料农场主与地方官员勾结，以"鼓动中国人闹事"的罪名把智利管工关进监狱，警告其不得再插手中国人之事，才把他释放。可见即使有人相助，华工自由之路依

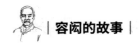

然无限坎坷。

容闳在利马面谈的 14 名华工，大部分在约满后终于恢复了自由身，相比于那些惨死异国的同胞，他们已经非常幸运。然而当他们回忆起在秘鲁种田、挖鸟粪、制糖、种棉花的经历，说到那段缺衣少食、惨遭凌辱毒打的日子，都不禁放声大哭。虽然得以苟全性命，然而遭受多年盘剥，他们积蓄微薄，连回国的船票都买不起。

"就算恢复自由，也只能继续在秘鲁做工，可能死都回不了故乡！求大人可怜我等蚁民，为我们主持公道！"

华工们纷纷下跪，有的人还展露了被鞭打虐待留下的伤痕。容闳望着面黄肌瘦的同胞，他们身上满是鞭笞、烙烫的伤疤，让人不忍再看。容闳无比痛心，以至于一改往日谨慎的作风，毫不隐晦地表达了自己的愤怒："大清号称天朝上国，却只能任由百姓被秘鲁这样的南美小国欺凌虐待，这是何等耻辱之事！"

事后，有人提醒容闳这番言论可能会得罪秘鲁政府，甚至危及生命。但容闳毫无惧色，斩钉截铁地说："我当然知道危险，但死算得了什么？也许死在利马，我的生命才体现出价值！怎么想就怎么说，不需要遮遮掩掩！"

这是容闳发自肺腑的话，也让他誓将华工情况彻底查清，不再让同胞遭受牛马之苦。华工的供述被详细记录，容闳将华工身上遭到虐待留下的伤痕拍了下来，取得大量人证、物证和典型材料，写成一份秘鲁华工实际情况的详细调查报告。这番报告附上了 24 张照片，真实反映了"华工背部受笞、被烙斑斑之伤痕，令人惨不忍睹"的惨状。

容闳调查期间，葛尔西耶又多次与李鸿章进行了会谈。在谈判中他态度极为强硬，仗着清政府没有证据，矢口否认华工在秘鲁遭受残酷虐待，声称"华民公禀所称，全是空话，未经询问口供，不足为凭"。同时他又软硬兼施，巧言令色，保证在签订友好通商条约以后，便立刻着手调查华工在秘鲁受迫害的情况。但李鸿章不为所动，坚持等待容闳的调查结果。

容闳完成报告后，火速寄给李鸿章，并禀报说："秘鲁华工之工场，直一牲畜场。"华工遭受的种种野蛮行为，被容闳用相机拍摄成照片，做为确凿证据。容闳坚信，有这样确凿的证据在手，无论秘鲁公使如何口若悬河，也不会再有狡辩的余地。

而当这份关于秘鲁华工第一手的资料，揭露了华工遭受的非人待遇，"虐待华工甚于犬马，受虐自尽者不知凡几"的真相，让清廷朝野上下大为震动。

对于秘密拍摄的照片，容闳建议在谈判时暂时不要对秘鲁专使公开。他预料秘鲁公使在理屈词穷之时，必定会再一次甩出"清政府没有证据"的借口进行狡辩。在那个时候再向公使出示照片，可以让对方无话可说。

1875 年 7 月，秘鲁派遣特使艾勒莫尔来华换约。由于事前派遣容闳前往秘鲁秘密调查，李鸿章得知中秘条约签订后，秘鲁迫害华工依然如故。对此李鸿章非常愤怒，当面指责秘鲁出尔反尔违反条约，要求将保护华工一事写入条约，声称秘方不以书面形式保证废止所有虐待行为并作出补救办法，中方就不批准条约。

艾勒莫尔拒绝了这一要求，李鸿章当场拒绝谈判，后改为丁日昌担任谈判代表。接下来的和谈过程中，秘鲁公使仍旧矢口否认虐待华工的事实，甚至指责中方说法毫无证据。

此时，中方立即拿出华工受虐的照片。一张张照片中，面黄肌瘦的

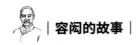 

华工身上因受鞭打、遭火烙留下的斑斑血迹和累累伤痕，将"绝无虐待华工之事"的谎言彻底揭穿，秘方再也无法抵赖。最终艾勒莫尔只得如约办事，发布官方声明，保证华工人身和财产安全。

历时约两年的中秘订约谈判和互换，最终取得了有利于保护华工的结果。其中，在调查处理华工在秘鲁的实际情况时，容闳以其强烈的爱国心和责任心，使华工受苦受虐的真相得以公之于众。他收集到的铁证，为清政府护侨行动提供了有利的证据，牢牢占据了谈判中的有利地位，推动了华工权益的保障。

在中秘条约互换之后，李鸿章知道，单靠一纸协约并不能阻止拐卖、虐待华工的悲剧重演，因而向清廷建议"迅派正使、副使前往秘鲁，按照条约等件，凡遇可以为华工保护除弊之处，随时商同该国妥立章程"，以期使处于水深火热之中的十数万华人，"将死而得生，免危而复安"。清廷深以为然，最后决定派陈兰彬为公使，容闳为副公使，出使美、西、秘三国。

## 3
# 出任三国钦差大臣

　　1875 年，清政府委任陈兰彬和容闳为美国、西班牙、秘鲁三国钦差大臣，这是因为两人担任出洋肄业局的正、副监督，成功组织了幼童赴美，具有驻外经验；又分别前往古巴和秘鲁调查华工受虐情况，积累了较为丰富的外交经验，因此成为担任三国使节的最佳人选。

　　然而，美国、秘鲁和西班牙三国，分别位于北美、南美和欧洲，分隔三地，远隔重洋，两人同时驻扎，几乎是不可能的。但由于清政府的外交人才极为稀少，只能让外交官员身兼数职。古巴是西班牙的殖民地，古巴虐待华工问题必须与西班牙进行交涉；秘鲁虐待华工问题由容闳进行过调查；美国西部排华浪潮涌动，三国专使，其实解决的是美洲的华人问题。

　　接到任命以后，容闳并未感到高兴。他担心这项任命会让自己不得不将出洋肄业局的工作转交到别人手中。于是他给政府写信，感激朝廷对自己的信任，但坚决地请求免除公使的任命，好让他能够把全部心力贡献给肄业局。

　　清廷回复容闳，考虑到他的意愿，可任命他为副专使，同时保留他在出洋局的职位。清政府在 1875 年发布了出任三国专使的政令，但直到1878 年才派遣陈兰彬使团赴美递交国书。

　　在此期间，容闳仍然在出洋肄业局担任副监督，管理肄业局的事务，同时也参与驻华盛顿公使馆筹备工作，招聘翻译等工作人员。驻美使领馆

成立后，容闳常驻华盛顿，协助陈兰彬处理中美外交事务。

1878年8月10日，陈兰彬使团34人抵达哈特福德，与容闳会面。按照计划，使团将继续前往华盛顿，向美国总统海斯递交国书。但当时海斯总统正外出避暑，不在华盛顿的官邸之中，使团一行人便在哈特福德的出洋肄业局暂住。直到9月19日，使团前往华盛顿，为递交国书做准备。照会美国国务卿埃瓦茨后，确定总统将在9月28日接见中国使团。

9月28日早上9时45分，中国首任驻美使团陈兰彬、容闳、容增祥等人前往美国白宫，向美国总统海斯递交国书。他们从正门进入白宫，在白宫第一层的蓝厅中等候。蓝厅的墙纸、窗棂、布帘、坐垫等家具装潢，都是蓝色，又被称"蔚蓝宫"。

稍等片刻后，美国总统海斯以及内阁成员六人，前来与中国使团会面。海斯向使团颔首示意，陈兰彬等人点头回应，然后海斯走上前去，热情与陈、容两位公使握手。

此后，陈兰彬随即朗诵宣颂词，代表大清国皇帝问候美国总统，说明两国换约以来，关系友好，希望能够保持良好关系，中美一家。陈兰彬宣读完毕后，容增祥奉上国书交给陈兰彬，容闳则用英语宣读一遍，完成后再由陈兰彬递交国书。美方亦回复了国书，双方在友好的气氛中完成会晤。

此后数日，中国使团拜访了美国国务卿和英、俄、德、法等国驻美公使，开展外交工作。

次年3月，陈兰彬带随员前往西班牙马德里提交国书，设馆履任。容闳暂代公使职责，办理中美外交事宜，直到陈兰彬返回美国。原本陈兰彬还计划前往秘鲁递交国书、设馆履任，但是秘鲁与智利两国爆发南太平洋战争，只能作罢。

容闳担任驻美副公使期间，主要是协助陈兰彬办理与美国联邦政府的外交事务，主要涉及华工、华商、领事任命、国际会议及两国文书往来等事宜。其间轮船招商局在旧金山被加征关税，美国西部发生排华案件，容闳均参与了照会，为保护中国及华侨权益发挥了作用。

维护华工权益是容闳担任驻美副公使的重要工作之一。1897 年 1 月，距离递交国书、正式履任不过三个月，容闳发现美国的同孚洋行参与了贩卖华工的交易，向秘鲁运送华工。因为参与了秘鲁华工调查，容闳对于将自己同胞推入火坑的贩卖华工行为极为痛恨。在写给推切尔的信件中，他提到对此行为极为失望。

1880 年二三月间，容闳和陈兰彬向清政府的总理衙门咨询，委派兵部候补主事朱和钧到檀香山担任商董。檀香山当时是独立王国，当地华人众多，保障华侨权益极为重要。

容闳等人提出《檀香山商董与檀香山官员酌议允行事宜六条》《出使大臣议发檀香山商董章程九条》，明确规定夏威夷应对境内居住的华人按照最惠国待遇权利对待，并且加以保护。尤其规定了华人招工的问题，要求"出于自愿"，要和其他国家及夏威夷本地工人使用同样的合同条款。对于有运送华人的航船，必须严格检查，防止贩卖"猪仔"。

因为亲眼目睹了华工在国外遭受虐待，容闳对于"卖猪仔"一事极为重视。而当美国发生排华事件后，他也尽力为华侨同胞争取权益。

1879 年 10 月，美国排华浪潮席卷全国。容闳照会国务卿埃瓦茨，抗议美国排华。排华运动在美国掀起轩然大波，部分美国政客为获得选票进而推波助澜，对在美华工华商及留美幼童都有极大的负面影响。

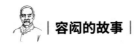 

容闳照会抗议以后，在 1880 年 2 月 17 日，他收到美国国务卿埃瓦茨发来的信函。信中埃瓦茨就英国汉学家小斯当东所翻译的《大清律例重订辑注通纂》中"谋反与放弃效忠"的章节，询问与中美在 1868 年签订的《蒲安臣条约》的第五条准许华人赴美是否有冲突。

《蒲安臣条约》是中国近代史上第一个和他国签订的平等条约，承认中国是个独立的主权国家，规定了双方对等的权利和义务。其中第五条允许美中两国民众可以自由到对方国家旅行和长期居住，双方的移民都享有最惠国待遇。这承认了在美华工的合法性，同时禁止那些买卖华工"猪仔"的行为，保护华工的权益，让清政府保护海外华侨有法可依。

然而经济危机与华人的增多，使得美国人认为中国人在争夺就业机会，排华情绪渐渐高涨。海斯总统在任时，便派人和清政府谈判限制中国移民美国的数量。此后美国在 1882 年通过《排华法案》，更是中美关系的一个倒退。

埃瓦茨的来函，言下之意就是企图用中国本土的法律，来为美国排华运动的合理性作法律支持。容闳一边继续照会埃瓦茨抗议排华，一边紧锣密鼓地寻求证明，撰写文书，最后在 3 月 2 日回函，告知埃瓦茨两者并无矛盾。

一周以后，容闳更是以正式文书进行照会，告诉埃瓦茨在中美两国签订协约以后，美国因为亟待用工，包括华工在内的各国工人均涌入美国，其中鱼龙混杂。十年来华人被侮辱、殴打，乃至杀害的案件层出不穷，但是沉冤得雪的却少之又少。现在美国因为旧金山的排华事件，禁止华人赴美，是"因一省而任全约废弃乎"的背信弃义行为。

在抗议排华的同时，容闳还就"和众"号轮船到旧金山被加征吨税关税的事情进行了照会抗议。在 1880 年 9 月 4 日写给外务大臣的照会中，容闳罗列了美国对轮船课税的条例，说明"凡在一百五十吨以上者，每吨纳银四钱"。同时说明中国并未对美国商船征收额外税款，要求退还多征收的税款。通过交涉照会，美国政府最终交还了额外税款。

容闳在担任驻美副使期间，依靠流利的英语和熟悉美国社会，结交了诸多美国政界、教育界人士，并建立起密切关系，积极与美国政府官员谈论两国外交事务，主动维护华人权益，是一名合格的外交官。然而，在"弱国无外交"的大环境以及美国排华情绪汹涌的情况下，容闳和陈兰彬的积极作为难有突破。

第八章
**肄业局的终结**

# 1
# 中学与西学

相比于三国公使这一职位，容闳更愿意把精力放在教育事业上，为留美幼童计划工作。经过争取，清政府同意他在担任外交使节的同时，兼任幼童留洋肄业局副监督，协助管理留学事务。

容闳将留美幼童计划视作毕生事业，想按照"以西方之学术，灌输于中国"目的来施行。可是作为真正促成留美幼童计划的洋务派，他们秉承的"中学为体，西学为用"的宗旨，与容闳的想法相左。

"天津教案"使得曾国藩感到培养人才的重要性，但是洋务派需要的是掌握西方先进科学技术，能为国家"制器"的技术技能人才，而对西方社会制度政治文化等"异端"思想，则非常警惕。

因此，留美计划伊始，曾国藩、李鸿章、丁日昌等在上奏派遣学生留美的奏折中，便推荐翰林出身的刑部主事陈兰彬担任正监督，留学计划的提出者容闳仅为副监督。虽然此举目的之一是为了减少保守派对留美计划的反对和破坏，但同样也是为了保证留学生能够在海外接受连续的传统儒学教育，以培养成清政府所需的"忠君报国"人才。此后三任正监督，也都是接受传统教育、科举出仕的官员。

在外国学习期间，清政府明确规定了留美幼童的汉文学习内容，规定要进行《孝经》等内容的学习，并逐步进行"至经史及国朝典例"讲习。幼童三个月为一期，分组到留学事务所大楼进行两周汉文学习，并接受宣

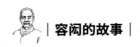 

讲圣谕、祭孔望阙等活动教育，"示以尊君亲上之义"。

最后，为了防止留学生思想异化，清政府规定留学生在留美期间，"不去发辫、不入礼拜堂"。发辫被视为是大清臣民的根本象征，不得剪发意味着保持对清朝的忠诚；不入礼拜堂，不允许学生信奉基督教，防止思想异化，这两条可以说是清廷规范留学生行为的底线。

容闳从小接受西式教育，对于中文教育认识不深，因而对留学生的中文教育并未重视，甚至忽视中文教育，导致出洋肄业局被清廷诟病学生毫无管束，抛荒本业，成为裁撤肄业局的重要原因。另外，容闳把培养留美幼童视作自己的事，认为其他人不应插手。每当学生与肄业局的管理发生冲突时，他总是为学生开脱，甚至加以偏袒，为此不惜与正监督发生争吵。

首任正监督陈兰彬，1872年偕第一批留美幼童赴美，1875年卸任，转任清廷驻美、西、秘三国公使。在留学事务所中，陈兰彬负责学生的汉文教育，以及主持祭孔望阙等活动。

相比于接受了完整西式教育的容闳，儒学出身的陈兰彬，虽然算是较为开明的洋务官员，但他的观念、行为在容闳看来仍然极为保守顽固，大大地阻碍了留学计划的实施。

因此两人屡屡在留学管理事务上产生分歧和争论，争论的内容包括幼童在校期间的学杂费花销、服装改换，还有是否能参加寄宿家庭的礼拜、出入主日学校和教堂等，甚至连能否换上运动服参与户外运动活动等细小的事情，都会引来两人冲突。容闳本觉得这都是生活琐事，可涉及到管理学生的规章制度，一旦确定便不容变动，因此不得不为这些细枝末节频频陷入争吵中。

在接受传统儒家教育的陈兰彬看来,幼童理当保持"长衫马褂"的装束,以示效忠清廷;参加户外活动和体育运动则属于"沉迷游戏,荒废学业"的不端行为,因体育活动而改换服装,则更是属于"大不敬"。但容闳认为体育锻炼对学生的身心健康具有积极作用,反而鼓励学生参与体育活动,更不会因为学生参加运动更换洋装而反对。

在学生参与礼拜这一问题,陈兰彬禁止学生参加宗教活动,认为这是西洋邪教。然而容闳本人是基督教徒,并不反对学生参与礼拜。1874年2月4日,容闳在写给推切尔的信中写道:"工作中的合作者却竭尽所能在年轻人的脑中筑起堡垒,以防范基督教和外部文明的些许影响。"对此,他希望能够很快让学生参加家庭祈祷,主日学校和教会礼拜。

陈兰彬的守旧,在容闳看来,是因为其早已习惯将朝气蓬勃的孩童束缚住,压制孩童们自主革新的精神和率真的性情。而孩童们在出洋后,卸下了昔日内心所受的压力和约束,欢呼雀跃地去追求自由与灵性的舒展,在陈兰彬等守旧派眼中,便属于极为严重的离经叛道行为。

第二任正监督区谔良,原为工部候补主事,1875年5月接任出洋肄业局总办①。区谔良赴任时有妻子与两个孩子随行。容闳评价此人"待人忠厚、性情温顺",应该与其对出洋肄业局的管理事务不多加干涉有关,因此留学计划仍能按照容闳的想法推进。

区谔良在1878年秋卸任,在翌年春天回国。回国后他致信李鸿章,反映留学管理中存在的问题。李鸿章在同年给陈兰彬的信件中,提到了此

---

① 容闳在自传中写区谔良于1876年辞职,但在《咨北洋大臣李鸿章留美幼童经费事光绪四年》一文中有"区主事谔良、容主事增祥"字样,可见在1878年区谔良仍担任肄业局正监督,而容闳自传中的记录应为记忆错误。

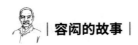 

事，说幼童出洋"靡费滋弊，终鲜实效"，导致朝中守旧的士大夫们议论纷纷。尽管守旧派们的反对并非数日之事，但是李鸿章在信中还提到了肄业局诸君"各存私见""未能认真撙节经理"，这一问题的严重性，导致李鸿章在接到区谔良的信件之后，一改支持留美计划的态度，变得"深为焦虑"。这一担忧在第三任肄业局总办容增祥处也得到了证实。

第三任正监督容增祥，广东新会人。曾任幼童出洋肄业局的首任汉文教习，1897 年接任区谔良的职位。容闳所属的南屏容氏，是容增祥所属的新会荷塘良村容氏的分支，两人是族亲。加上容增祥从 1873 年便担任留美幼童汉文教习，参与留学事务 7 年，与容闳关系较为亲密。李鸿章在《调区谔良回华折》中也提到："两人（容闳与容增祥）素称浃洽，自无龃龉之虑。"1875 年容闳与凯洛格小姐成婚时，容增祥以肄业局代表身份出席婚礼，也可从侧面证明其与容闳关系亲密。

容增祥担任正监督时间仅有四个月，因父亲去世回国丁忧。当他抵达天津面见李鸿章时，谈到肄业局存在"抛荒中学"的问题，以及"由于纯甫意见偏执，不欲生徒多习中学，即夏令学馆放假后正可温习，纯甫独不谓然"的情况。留学生们抵触传统文化的学习，甚至达到"厌弃儒学"的地步，自然引起李鸿章的警惕。李鸿章曾写请劝谏容闳要加强留学生的中学教育，但并未起到作用。

第四任正监督吴嘉善，字子登，于 1880 年 2 月接任容增祥在肄业局的工作。容闳回忆录中提及此人由陈兰彬推荐，但根据李鸿章奏折的记录，吴子登是由容闳推荐给陈兰彬，陈兰彬负责奏调。

容闳与吴嘉善二十年前在上海就相识，听说此人好研究化学，但是与他交往的人，都用"性情怪癖"来形容他。吴嘉善先随陈兰彬出使美国，担任过驻西班牙参赞，后经过推荐才到出洋肄业局担任总办。

或许容闳原本期待这位研究化学、熟识洋务的故人能站在他这边，支持他的教育方法，但未曾料到吴嘉善极为保守，到任后对学生的汉学教育进行了严厉整顿，造成了正副监督之间的激烈冲突，从而引发了裁撤事件。

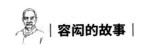

## 2
# 导火索

1880 年 2 月，吴嘉善抵达哈特福德，成为出洋肄业局第四任正监督。留美幼童计划已经进入第 8 个年头，幼童逐步升入大、中学院校，学业负担日益加重，对汉学的学习兴趣越来越少。

肄业局的汉文教育，采用死记硬背的教学方法，灌输三纲五常的封建伦理道德，对师长尊上行三拜九叩之礼。幼童已经在美国深造数年，"人人平等"思想观念深入人心，对此格外反感。容闳对汉学教育的不重视，甚至干涉学生们假期进行汉学教育，导致幼童"厌弃儒学"的情况日益严重，也成为出洋肄业局被朝廷御史诟病的地方。

吴嘉善到任后，立即开始大力整顿教学风气。他要求学生们按照原本规定，必须按时按要求进行汉文学习，不按规定学习者、不对师长行叩拜之礼的幼童，将受到严厉惩罚。吴嘉善的手段严厉、粗暴，"绳之过严，致滋凿枘"，再度加剧了学生们与肄业局的冲突，形成了紧张局面。

如果到任之初，吴嘉善是因为自身所受的整顿使命和传统教育的影响，看不惯留学生"西化"的行为，那么，1880 年 6 月发生留美幼童容揆、谭耀勋抗命不归事件，则成为激化矛盾的导火索，最终引发裁撤出洋肄业局的结局。

容揆与容闳为同族之亲。1873 年，容揆抵达美国，与幼童李恩富一起住在斯普林菲尔德市的威利家中。威利一家是基督徒，在幼童到来的第一个周日，威利夫人邀请他们一同前往主日学校。

开始两位幼童以为要前往学校，郑重其事换上正式的服装，没想到目的地却是教堂。一看到是教堂，两人转身就跑，任凭威利一家如何劝说也不愿意进去，丝毫不敢违反"不能进入教堂"的禁令。

后来在寄宿家庭的影响下，容揆逐渐了解了基督教，认识了其教义，开始接近并接受基督教。升入中学后，他甚至与唐国安等人组织了一个协会，旨在促进中国人信仰基督教，立志要在回国以后将福音带给同胞。

容揆对待基督教态度的变化，既有寄宿家庭的影响，同时也是幼童在接受教育后不断独立思考、成长的过程。他们不再盲从权威，而是根据事实判断是非曲直，自主做出判断。

敢于打破思想枷锁，接受新的思想和文化，独立思考是非对错，这本是幼童们进步的表现，但对于试图严格控制幼童思想的清政府而言，这种变化是负面且极其可怕的。

1880 年，容揆高中毕业，考入哈佛大学。毕业前，他加入了当地的基督教会，并且剪去了长辫。这两件事情违反清廷给留学生们定下的底线，彻底触怒了刚上任不久的吴嘉善。勃然大怒之下，吴嘉善把容揆从肄业局开除，勒令他立即回国。和容揆同时被遣返的，还有首批幼童谭耀勋。当时谭耀勋已经在耶鲁大学就读二年级，也因为剪辫和信教而被勒令回国。

容揆曾经在日记中写下这样的文字："一只生下来就被囚禁的鸟，感觉不到森林的气味。可一旦让他舒展飞翔的翅膀，这时再豪华的禁闭空间，也不能遏止他希望飞到自由天空的愿望。即使天空满是暴风骤雨。"

在面对遣返这一重大变故之时，不愿意回到牢笼的容、谭二人，展现出了过人的机智和勇气。当火车经过斯普林菲尔德市，他们借口要与友人

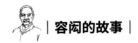 

告别，趁机下车逃脱并躲藏起来。两人拒绝了遣返命令，抗旨不归，宣布脱离出洋肄业局。

此后，容揆得到了容闳暗中的庇护。容闳通过推切尔牧师对容揆进行资助，但要求容揆必须在大学毕业以后为中国服务，并建议他转入耶鲁大学学习。谭耀勋在留美幼童同学们的帮助下，于1883年完成耶鲁大学的学业，经过容闳推荐在中国驻美总领馆获得一个职位，可惜在毕业当年11月病故。

容揆从耶鲁大学毕业后，遵照约定到中国驻美使馆工作，参与了庚款留美学生的监管工作。可见容闳对于留美幼童，始终是按照"为中国服务的人才"来培养他们，足以证明他的爱国心。

容闳本人在1851年加入了基督教会，在1870年剪去了长辫，因此对两名幼童信教、剪辫的行为，并不认为是大逆不道的事情。即使两人抗旨不归，容闳也选择站在幼童这边，对他们施以援手。

可是，他还是低估了这件事造成的影响，加之一直以来偏袒幼童的态度，让吴嘉善忍无可忍。1880年11月，留学生抗旨不归的事情被吴嘉善禀报给驻美公使陈兰彬，并且给李鸿章写信。在信中吴嘉善把留美幼童放荡不羁、不受约束、享用特权的不良行为归咎于容闳的管理不善，列举了学生效仿美国学生的健体活动，沉于游戏；在宗教和政治方面还秘密结社，出入主日学校或教堂，甚至皈依基督教；目无师长，不听从新任监督的管教；等等。吴嘉善认为如果再任由学生肆意妄为，就将会"适异忘本，不能为国效力"。

这些被容闳斥为诽谤和荒谬的话，却引起了李鸿章的警惕。作为留美幼童计划的主要推动者之一，李鸿章对于肄业局的事务一直予以支持。

1875 年肄业局在哈特福德兴建总部大楼，以及 1877 年因美国物价上涨，区谔良和容闳奏请增加赴美留学生的年度拨款和留学经费，李鸿章均表示同意，并且指出："头、二批学生一、二年间已有可进大书院之童，即应专心研究，以裨实用，断无惜费中止之理！"

然而，1879 年回国的区谔良、容增祥所反映的幼童汉学教育废弛、西化严重的情况，让李鸿章不得不产生顾虑。花费巨资培养的幼童却完全忘本西化，谈何为国效力？李鸿章因此也产生了将留美幼童撤回的念头。

1880 年 11 月，清朝发布上谕，称"出洋学生近来多入耶稣教"，学生等毫无管束，抛荒本业，要求李鸿章、刘坤一、陈兰彬查明情况，将该学生严加约束，如有私自入教者，即行撤回。这是清廷首次宣称出洋肄业局存在种种问题，要求调查处理。一场针对留美幼童计划的风暴，就此掀起。

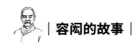 

# 3

# 奔走挽留

1880 年 12 月，容闳收到了李鸿章关于撤回留学生的信件。这封信由吴嘉善从华盛顿带回。在信中，李鸿章并未决定是将留学生立即撤回，还是一半撤一半留，让部分学生继续完成学业。

可是，对于以留学计划为毕生事业、倾注了大量心血的容闳而言，无论何种结果都是晴天霹雳。

李鸿章在信中提到，将撤回方案交由驻美公使陈兰彬和肄业局总办吴嘉善决定，把容闳排除在有权做出决定的人选之外。吴嘉善与容闳的矛盾，还有留学生被全部撤回的结果，使得容闳在自传中认定两人就是破坏留美幼童计划的罪魁祸首。

与此同时，美国的排华浪潮，也对留学计划极为不利。19 世纪 40 年代，加利福尼亚州的淘金热，促使大量华工进入美国。加州政府在开始时并不排斥华工，因为华工的税收填补了政府的赤字。但是当美国经济衰退，华工便被视为抢走美国人饭碗的罪魁祸首，针对华人的憎恨被政治化。

随着排华情绪在美国蔓延，容闳在 1878 年替留学生申请美国西点军校和美国海军学院均遭到拒绝，对方更是宣称"此处无地容纳中国学生"。

当时，排华运动已经在美国各政府部门中弥漫。其中美国议员布莱恩为了竞选总统，竭力迎合排华风潮以获取选票，对排华运动推波助澜，致使幼童进入美国军事院校的计划受挫。

李鸿章的来信让肄业局的命运岌岌可危，容闳却没有向这前所未有的危机屈服。他迅速联系推切尔牧师，商量挽救留学计划的办法。两人决定联系美国的教育、文化界人士，向李鸿章说明情况，以求阻止裁撤留美幼童计划。

他们搜肠刮肚，尽可能找寻能提供帮助的朋友。首先是住在哈特福德市的美国大文豪马克·吐温，他的住所与出洋肄业局大楼相距不远，女儿也与留美幼童是同学。这位大文豪经常邀请幼童们到自己家中做客，想必乐意为他们助一臂之力。

其次是前总统格兰特将军，他曾在1876年万国博览会上接见留美幼童，对幼童们的印象极好。相信格兰特也不会愿意看到留美幼童计划半途而废。容闳相信，如果能够得到这些人的说明，将有助于挽救留美幼童。

推切尔牧师与马克·吐温碰头后，两人很快便动身前往纽约，向格兰特将军寻求帮助。推切尔在路上彻夜未眠，嘴里念念有词，将铿锵有力的措辞熟烂于心。他准备见到格兰特后，尽全力说服这位前总统，让他在给李鸿章的请愿书上签名。

可当他们见到格兰特时，仅仅说明了来意，推切尔那些酝酿了几天的说辞还没说出口，格兰特将军便立刻表态给李鸿章写信。

"我会单独给李总督写一封信。我的话对他很有影响力。"

格兰特将军如此回答，他的爽快与慷慨让推切尔一时之间反应不过来。马克·吐温幽默地表示，对于推切尔来说，"就好像他来向人借1美元，在他还莫名其妙的时候，人家给了他1000美元"。

经过容闳及朋友们的不懈努力，耶鲁大学的波特校长、美国著名作家

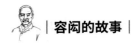

马克·吐温、驻华公使杨约翰等人联名写信劝说李鸿章，以期阻止幼童被裁撤回国。出自耶鲁大学校长波特之手的书信如下：

# 致总理衙门（外务部）

总理衙门（即外务部）鉴：

予等与贵国留美学生之关系，或师或友，或则为其保人。今闻其将被召回国，且闻贵国政府即欲解散留学事务所，予等咸规规自失，且为贵国忧之。今请以某等观察所及，及得之外界评论者，为贵衙门一陈之。

贵国派遣之青年学生，自抵美以来，人人能善用其光阴，以研究学术。以故于各种科学之进步，成绩极佳。即文学、品行、技术，以及平日与美人往来一切之交际，亦咸能令人满意无间言。论其道德，尤无一人不优美高尚。其礼貌之周至，持躬之谦抑，尤为外人所乐道。职是之故，贵国学生无论在校内肄业，或赴乡村游历，所至之处，咸受美人之欢迎，而引为良友。凡此诸生言行之尽善尽美，实不愧为大国民之代表，足为贵国增荣誉也。盖诸生年虽幼稚，然已能知彼等在美国之一举一动，皆与祖国国家之名誉极有关系，故能谨言慎行，过于成人。学生既有此良好之行为，遂亦收良好之效果。美国少数无识之人，其平日对于贵国人之偏见，至此逐渐消灭。而美国国人对华之感情，已日趋于欢洽之地位。今乃忽有召令回国之举，不亦重可惜耶。夫在学生方面，今日正为至关重要时期。曩之所受者，犹不过为预备教育，今则将进而求学问之精华矣。譬之于物，学生犹树也，教育学生之人犹农也。农人之辛勤灌溉，胼手胝足，固将以求后日之收获。今学生如树木之久受灌溉培养，发芽滋长，行且开花结果矣，顾欲摧残于一旦而尽弃前功耶？

至某等授于贵国学生之学问，与授与敝国学生者不少异，绝无歧视之心。某等因身为师保，故常请贵国所派之监督或其代表来校参观，使其恍然于某等教授中国学生之方法。惜贵国所派之监督轻视其事，每遇此种邀请，或不亲临，或竟无代表派来也。贵衙门须知此等学生，乃当日由贵政府请求美国国务卿，特别咨送至予等校中，欲其学习美国之语言、文字、学术、技艺，以及善良之礼俗，以冀将来有益于祖国。今学生于科学、文艺等，皆未受有完全教育，是所学未成。予等对于贵国之责任，犹未尽也。乃贵政府不加详细调查，亦无正式照会，遽由予等校中召之返国。此等举动，于贵国国体，无乃有亏乎？

某等对于贵国，固深望其日跻富强。即美国国人平日待遇贵国学生，亦未尝失礼。贵政府乃出此种态度以为酬报，揆之情理，亦当有所不安。至于他人之造谣诬蔑，谓中国学生在校中肄业，未得其益反受其损等言，此则某等绝对不能承认。何也？苟所谓无益有损者，指其荒芜中学而言，则某等固不任咎。以某等对于此事，从未负丝毫职务也。况贵政府当日派送学生来美时，原期其得受美国教育，岂欲其缘木求鱼，至美国以习中学？今某等所希望之教育虽未告成，然已大有机会可竟全功。当此事业未竟、功过未定之日，乃预作种种谣言以为诬蔑，是亦某等所不乐闻也。某等因对于素所敬爱之贵国学生，见其忽受此极大之损失，既不能不代为戚戚；且敝国无端蒙此教育不良之恶名，遂使美利坚大国之名誉亦受莫大之影响，此某等所以不能安缄默也。愿贵衙门三复此言，于未解散留学事务所之前，简派诚实可

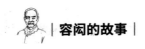

恃、声望素著之人，将此关于学生智育德育上污蔑之言，更从实地调查，以期水落石出，则幸甚幸甚。

这封信中说明幼童"人人善用时间"，"各门学科都有极佳成绩"；"他们不愧是大国国民的代表，足以为贵国争光"。各位校长严正批驳"中国学生在学校学习，未得其益反受其损"的传言，认为这种传言使美国教育和美国的形象都蒙上恶名。他们批评中国政府，两国政府当年有正式协议的留学计划，不加详细调查，没有正式照会，突然将学生从校中召回国内，这种举动，只能损害中国的国体。

这些信件的确影响了李鸿章的想法。1881年2月20日，李鸿章发给陈兰彬的电报中表示肄业局"如真无功效，弗如及早撤局省费"。但四天后的电报内，又表示"格兰特来函，幼童在美颇有进益，如修路、开矿、筑炮台、制机器各艺，可期学成，若裁撤极为可惜"。可见，大学校长和前总统格兰特的两封来信，动摇了李鸿章"裁撤"的决定。

对于容闳而言，这可以算是一场不小的胜利。他在3月10日写给推切尔的信件中写到，总督（李鸿章）指示吴嘉善不要和学生一起返回中国，并在给陈兰彬的电报中，要求他写信与容闳商量撤回留学生的事情。容闳兴奋地表示"在其先前分别给吴和陈的信中，我是被排除在协商者之列的，现在我再次被拉入"，欢欣鼓舞之情溢于字里行间。

但是容闳没有想到，此时清政府内部正为留学生的去留问题进行复杂的角力。1880年11月清廷收到奏折，称留学生丢荒本业，就此询问驻美公使陈兰彬。在次年2月的回函中，陈兰彬的意见是"亟应将局裁撤"，但也说到"惟裁撤人多，又虑有不愿回华者，中途脱逃，别生枝节等语"，并说明"吴嘉善身膺局务，既有此议，诚恐将来利少弊多"。以上内容，说明陈、吴二人是撤回事件的提议者，但是是否付诸实施，仍要取决于清廷。朝廷将此事咨询总理衙门，李鸿章的意见则成为决定因素。

李鸿章在收到格兰特和波特等人的信件后，回复朝廷，他表示容闳偏重西学，使幼童中学荒疏，他曾一再去信诫勉。又说，学生大半出生于广东，幼年出洋，沾染洋习在所难免；吴嘉善绳之过严，导致冲突，以至于要"全撤"，未免近于固执。对于容闳不愿裁撤，是意料中的；陈兰彬坚持全裁，也不是没有原因。倒是吴嘉善后来提出的是"半撤半留"的办法值得考虑，即统一裁撤部分学生回国，其余学生由驻美使馆代为管理。

李鸿章认为，进入大学的学生应当继续读完，其余学生中选择聪颖可成才者酌留若干，此外逐渐撤回；肄业局的人员可酌裁省费。由于当时已有近 60 名幼童进入大学，加上"酌留若干"，这一方案，真正撤回的只是少数。其苦心由此可见一斑。

然而，他没有想到，总理衙门正好借题发挥，称李鸿章有"不撤而撤之意"，向皇帝呈递了"奏请将出洋学生一律调回"的奏折。1881 年 6 月 8 日，总理衙门奏：臣等查该学生以童稚之年，远适异国，路歧丝染，未免见异思迁……若如陈兰彬所称，是以外洋之长技尚未周知，彼族之浇风早经习染，已大失该局之初心……臣等以为与其逐渐撤还，莫若概行停止，较为直截。相应饬下南北洋大臣，趁各局用人之际，将出洋学生一律调回。

所以，清廷的撤回决定便因此最终形成，于是便有了《德宗实录》中光绪七年五月十二日（1881 年 6 月 8 日）的如下一条记载：

> 总理各国事务衙门奏，请裁撤出洋肄业局，将学生撤回，量材器使。从之。

幼童们的命运，就此被决定了。

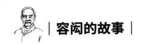

# 4
# 归国令下

1880 年 8 月，津沪电报总局在天津成立。为了抵御西方侵略者在中国领土架设电报线路，李鸿章为首的洋务派建立了电报总局，并设立电报学堂以培养专门人才。

但电报学堂所招收的学生，缺乏外语、文言和文字方面的基础知识，难以开展电报技术学习。于是在 1881 年 5 月 15 日，李鸿章电联陈兰彬，要其转告容闳和吴嘉善，挑选幼童中尚未升入大学的，"熟谙洋文洋语，质地安静者二十名进行学习"。

容闳在同年 3 月已经收到了李鸿章来信，暂缓撤回留学生，此时又安排幼童学习电报技术，无疑是吉祥的兆头。对此，他亲自前往哈特福德挑选幼童学习电报技术，安排他们在 6 月初开始学习电报技术。

按照计划，幼童将前往美国西联公司学习。但西联公司以生意为重，不肯多收学徒。经过商量，同意派出一名专门的工作人员到哈特福德的出洋肄业局授课，并采购电报机器供学生训练。为了避免有学生因懒惰而学艺不精，容闳特意选拔了 40 名幼童，是李鸿章要求人数的一倍，确保有足够替补人员供电报总局委派使用。

但在 1881 年 6 月 8 日，总理衙门仍然上奏朝廷，请求撤回全部留美幼童。朝廷批复："依议，钦此。"出洋肄业局被裁撤的命运，就此确定，再无扭转机会。

难以知晓容闳在接到撤回全部留学生的命令时，是何种心情。满怀希望以为倾尽心血的事业得到了一线转机，不料却是最后的回光。遣送幼童学习电报技术，也许是在留学计划中的最后余晖，容闳仍希望这群沐浴过先进科学和文明光芒的少年们，能够再多学习些知识，好让文明与进步的种子，在中国的土地再盛放出几朵绚丽的花朵。

对于幼童们而言，1881年的夏天充满悲伤。当时正值暑假，他们刚结束了一个学期繁重的学业，聚集在康州巴塘湖边露营。容闳来到他们中间，宣布了突如其来的噩耗。欢乐的聚会在这一瞬间结束了，中断学业的命令浇灭了他们的热情与喜悦。幼童们必须在三周内离开美国，返回中国。

突如其来的悲痛与愕然，充斥每个留学生心头。容尚谦在回忆录中写道，"中国出洋局存在了整整9年，终于走到了尽头"，感到"非常伤心，心情十分沉重"。

这无疑是全部幼童们的心声。当时在美的94名幼童中，只有詹天佑、欧阳庚和曾溥完成了大学学业，其余人仍在大中学校就读。他们舍不得离开学习生活了多年的地方，然而皇命不可违，只能依依不舍地与美国监护家庭、教师、朋友们告别。

8月21日，是留美幼童留在美国的最后一天。这一天，推切尔牧师在哈特福德避难山公理会教堂，为留美幼童们举办送别会。送别会上，推切尔赞扬了幼童们在美国学习取得的成果，鼓励他们回国后取得更大的成绩。幼童和师长朋友们话别，感谢他们的照顾与培育，离愁别绪弥漫在所有人的心头。

第二天，幼童们背上行李，乘坐火车前往美国西部城市旧金山。在旧

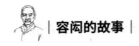 

金山，他们将分批乘坐轮船返回中国。在旧金山候船期间，留学生们组成"中华棒球队"，和当地奥克兰棒球队举行了一场精彩的友谊赛。开始，奥克兰队自负过高，目空一切，以为中华棒球队一击即溃，但几次交锋后，中华棒球队连连获胜，"中国投手之高招，使奥克兰队已感情势不妙，球场观众大哗——中国人打美国的'国球'，且使老美溃不成军，不可思议。全场终局，中国队大胜，幼童及华侨兴高采烈"。

即使身处被迫退学回国的困境，幼童们依然展现了良好的风范。容尚谦在回忆录中写道："这些孩子最显著的特点是，不管周围环境多么动荡，他们都能在官场上、社交上表现出标准的绅士风度；无论任何时候，都保持着愉快的神态。"

正因如此，即使突逢巨变，留学生们还是很快调整好心态，怀着报效祖国的热诚回到中国，准备将自己所学投入到建设国家的事业当中。

可是，当他们抵达上海，却发现想象中的欢迎场面、人们的尊敬，都是子虚乌有。黄浦江的码头上并没有欢迎游子的人群，只有手推车人力车的苦力为了生意在争吵。迎接他们的只有被雇用前来的独轮车，像装载货物一样把他们运往上海海关道台衙门。

身着西服、接受过最先进教育的留学生们，就这样暴露在人群当中，被未能理解他们品格与价值的同胞们嘲笑挖苦。抵达海关道台衙门后，幼童们则被当成了囚犯，由一队中国水兵押送他们前往上海道台衙门后面的"求知书院"。

那个地方墙壁剥落，地板肮脏，石阶满布青苔，门窗均已潮湿腐烂。里面臭气熏天，昏暗潮湿，睡觉的床是两条板凳上摆上一条木板，残酷的现实令人难以忍受。幼童黄开甲在写给美国家庭巴特拉夫人的信件中，称这个地方是比土耳其人的监狱，或者"安得生维尔的梦魇"更为可怕的地方。容尚谦这说此地"提供的食物连猪食都不如"，"被当成野蛮人对待"。

在海关道台经历了一个星期的禁闭后，幼童们得以恢复自由，但是受到的侮辱却深深刺痛着他们的心。国内媒体对他们冷嘲热讽，《申报》评论他们："国家不惜经费之浩繁，遣诸学徒出洋，孰料出洋之后不知自好。流品殊杂，性情则多乖戾，禀赋则多鲁钝。此等人何足以言西学，何足以言水师兵法等事。"认为这些幼童出身低微，天资又鲁莽迟钝，怎么能学习西方先进技术，又怎么谈论军事兵法。

但是，这些被国人认为"一无是处的庸碌之才"，在《纽约时报》那里，却是另一番评价："大清国在美国实施的教育计划，十年来，我们认为是非常成功的。"

留美幼童回国以后，经历了晚清到民国初年所有的重大事件。他们活跃在铁路、电报、海军、外交等领域。其中从事工矿、铁路、电报者30人，包括工矿负责人9人、工程师6人、铁路局长3人；从事教育事业者5人，其中清华大学校长1人、北洋大学校长1人；从事行政者24人，其中领事代办以上者12人、外交部长1人、副部长1人、驻外大使1人、国务院总理1人；进入海军20人，其中海军将领14人。他们缔造的伟大事业，是中国近代历史上，无法抹去的浓墨重彩的一笔。

容揆在晚年时曾撰文评价出洋肄业局。他说："如果要判断一棵树的价值，唯一的方法就是看它果实的价值。"

而幼童出洋肄业局这棵大树的果实，就是这些留美幼童。"判断它是否成功，只要看看这些孩子都做了什么，便足够了。"

第九章

**十年浮沉**

# 1
# 禁烟条陈

根据清朝律例，在外任职的外交官，届满后都要回国向清政府报告业绩，此项行为被称为"销差"。1881 年，清政府下令裁撤幼童出洋肄业局，遣返所有留学生，容闳副监督之职随之解除。1881 年 6 月，容闳驻美副公使任期届满。完成交接后，他在 1882 年 3 月踏上回国的旅程。

当容闳再度登上黄浦江的码头，举目所见依然是肮脏喧闹的环境，面黄肌瘦的工人身负重担，任由洋人欺凌。他不禁想起自己在华盛顿时，以驻美副公使的身份抗议美国排华，然而一切都无济于事。美国《排华法案》的通过几成定局，留学计划也因此受到影响。

一想到被腰斩的留美幼童计划，容闳更是心如刀绞。这些留学生在回国第一年的遭遇，让人愤怒却无能为力。这些孩子认识到了科学的力量，选择了矿业、铁路等当时中国急需的专业。容闳知道，如果他们能够顺利完成大学学业，必定能够以更强大的力量来改造中国，造福同胞。

幸好，在未来二十多年的时间里，这群孩子并没有让容闳失望。他们没有因为在回国初期遭受的冷眼和恶劣待遇就放弃自己的理想，反而更加坚定了无论将来遇到何种变动，皆不忘革新中国的信念。

5 月 23 日容闳抵达天津，去拜谒直隶总督李鸿章，汇报留学教育的情况。谈及全部留美学生中途被撤归时，李鸿章忽然问道："您怎么也让学生撤回来呢？"

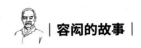

容闳听到李鸿章此言，感到十分惊奇，便马上回答道："撤归留学生一事是由公使陈兰彬奉圣谕办事的。我还以为总督您和陈兰彬、吴嘉善，都是赞同这样办理的。我即使竭力挽救，又有什么用处呢？况且违抗圣旨，则被当成谋反叛国，是要逮捕杀头的！"

李鸿章严肃地说："不是这样！我当日亦不同意撤回全部留学生，希望他们留在美国，继续完成全部学业。所以，我寄希望于您，认为只有您才有能力阻止留学生撤归，但从来没有收到您的报告。"

容闳解释说："当日撤回留学生一事，总督难道没有表示过反对吗？我身在距祖国四万五千里之外，怎么能遥远而主观地揣测总督的心意如何呢？如果总督当时有一训示给我，令我不要解散出洋肄业局，继续完成留学事业，我自当谨遵尊意，力阻撤归，可惜当日总督根本没有给我这样的训示！"

李鸿章听完容闳这番话，面起怒色，愤然说道："现在我知道此事的罪魁祸首是谁了！"容闳听后，知道李鸿章所指的罪魁祸首是吴嘉善、陈兰彬。因为李鸿章正在发怒，他不便再往下说，于是便向李鸿章叩首辞别，匆匆离开了总督官邸。

这时吴嘉善也恰好从北京来到天津。他知道容闳也在天津，便主动约见容闳。容闳感到自己没有推却的理由，便到吴嘉善的寓所拜访他。

吴嘉善告诉容闳，他在北京遭到许多人的冷眼，饱受冷遇。有的人还当面骂他是扼杀留学教育的刽子手。此次来谒李总督，他受到了李鸿章的怒斥，令他以后不要再来见面。容闳看到吴嘉善那副狼狈相，觉得既可憎，又可笑。从此以后，吴嘉善销声匿迹，容闳没有再听到有关他的消息。

此后，容闳驱车向北京进发。他回到北京，遵循惯例去拜谒清政府各部门的重要人物。北京地方宽阔，各达官所居又相距甚远，来往交通工具只有骡车。于是，他雇了一辆骡车，花了一个月时间，前去拜谒恭亲王、庆亲王及六部尚书等重要人物。

但是骡车又重又笨，没有弹簧，行进时车厢剧烈震动，速度又慢，让乘客极为难受。马路尽是泥地，道路又坎坷不平，行路之困难，可想而知。北京晴天时空气干燥，到处都飘着被车轮碾碎的骡马粪便及黑色脏尘，飞入人的耳鼻毛孔中，难以清理干净。下雨时，粪尘混合着泥浆四溅，不易冲洗干净。从容闳亲眼所见的事物来看，北京的环境卫生真是糟糕透了。

但是，清朝的达官贵人们则居住在精美宽敞的豪华府邸里，过着奢侈腐化、醉生梦死的生活，对老百姓的卫生、生活与健康漠不关心，对帝国主义侵略者则妥协投降，卖国求荣。

在北京，容闳还目睹了鸦片烟毒泛滥成灾。清政府不但不严加制止，京官高官还带头吸食鸦片烟，百姓中也有拿烟枪卧床吸食者，弄得民穷财尽、身体瘦弱、国库空虚。中国人吸食鸦片后，身体每况愈下，毒瘾发作时眼泪鼻涕随时流，最后只能骨瘦如柴在床上躺着，什么活都做不了。

他痛切地感到，能否扫荡烟毒，是关系到民族兴衰、国家强弱的重大问题。对此，在北京居住的三个月里，他撰写了《请禁鸦片禀稿》和《请戒鸦片章程》两份条陈，共计4830字，上奏朝廷。

其中《请禁鸦片禀稿》写到国内云、贵、川、陕等内陆地区广泛种植鸦片，造成泛滥，百姓当中包括官长士兵均吸食鸦片，流毒甚广。同时容闳提到，英、美等国的有识之士，都认识到了鸦片流毒中国，并对中国无

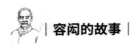

力禁绝深感遗憾。

事实上，从中国鸦片贸易中获利的是种植、出口鸦片的印度等外洋国家。即使国家可以从鸦片贸易中抽取税款，相比于鸦片的价格，不过百分之一。名义上收取了外国的进口税，实际上仍然使自己国家民众的财富流进了外国人的腰包中。

而英、美等国已经意识到鸦片的危害，英国设立了禁鸦片会，美国则在新签订的续约中，增加不准本国商人百姓贩运鸦片的条款。当海外各国在禁烟的时候，中国明明早有林则徐硝烟，现在反而大幅度倒退，实在让人痛心疾首。容闳认为，现在可利用英、美两国禁止鸦片的机会，与两国加强沟通，请他们协助禁烟。

在《请戒鸦片章程》中，容闳提出 30 条建议，采用控制和疏导双管齐下的方式进行禁烟。一方面，他建议严格禁止国内种植鸦片，严惩阳奉阴违者。朝廷派出官吏，专司鸦片事宜，可前往英国学习筹办禁烟土事宜，向国际展示中国禁烟决心，争取国际支持。

另一方面，对于从印度进口的鸦片，以十年为限，每年减少一成进口。在海路、陆路设立关卡，严格检查核实进口鸦片数量，不得超标。借英国施行禁烟的机会，让英国禁止印度从陆路向中国走私鸦片。容闳设计了严密的方案，控制鸦片进口、运输和销售的方式，逐渐减少鸦片的进口，直至鸦片完全被禁。

此外，还应支持东南亚，主要是印度，逐渐减少罂粟种植，而代以稻棉，以至全面种植为农作物或经济作物。容闳提出的这一系列措施，既有基于整体的考量设计的过渡步骤，又有国际视野，为禁绝鸦片提供了可行的途径。

在容闳之前，驻英公使郭嵩焘与副使刘锡鸿在1877年连上两折，请禁鸦片。不过郭、刘的禁烟方案，以官吏和士子为主导，限期三年戒烟，逾期不能戒者，将革除功名。此项建议得到了朝廷批准，可是禁烟效果并不理想。究其原因，第一，郭、刘的方案不禁止进口鸦片，又怎能禁止内陆百姓种植鸦片？第二，仅广东海关每年便能从进口鸦片中收取百万税款，禁止鸦片以后无法弥补税款亏空。种种弊端，使得禁烟令变成一纸空文。

容闳的方案，没有采用一刀切进行全面禁止，而是采用了过渡期的安排，可操作性更强。然而条陈上奏以后，总理衙门以没有人手办理禁烟事宜为由，搁置了容闳的建议。直到1902年，中、美、法、德等13个国家在上海举行万国禁烟会议，禁止鸦片才被重新讨论。然而此时距离容闳上奏条陈，已经过去了25年！

后来，容闳将文稿交由《申报》刊发。《申报》是当时中国最有影响力的中文报刊，容闳希望借此引发社会各界的重视。1884年2月《申报》连续登载了容闳的两份条陈以后，又刊登了一篇《书容观察禁条款后》[①]，可见容闳禁烟的方案引发了舆论的关注和讨论。

---

① 《申报》光绪十年正月十九日（1884年2月15日）第3891号第1页，《申报》影印本，第24册，上海书店，1983，第373页。

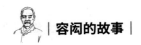

# 2
# 爱妻亡故

离开北京后，容闳在上海居住了四个月。时间已经进入了深秋，这时候，一封从美国发来的家书带来噩耗——妻子玛丽身患重疾，性命垂危。

这个消息宛如晴天霹雳，让容闳心急如焚，恨不得立刻回到妻子身边。他立刻动身返回美国，一路上容闳都在消化这个噩耗。他想起初见玛丽小姐时她温柔的笑脸，那时候她充满了青春活力，一颦一笑都如此可人。

此次自己离家回国销差，因为事业受挫，容闳心中满怀苦楚。妻子反过来安慰开导他，对他说不必担忧家中的事情，显得勇敢大度。这也让容闳无比内疚，自己是否一直忽略了妻子，连她什么时候患上了重病都一无所知。

想起自己为出洋肄业局事务奔走，是妻子对自己和家庭无微不至的照顾让容闳无后顾之忧；当容闳担任驻美副公使，玛丽随他迁居华盛顿，以公使夫人身份参与外交活动，协助他处理公务。再想到两个年幼的孩子能够健康成长，全赖玛丽的精心照顾，容闳感到实在亏欠妻子太多太多，内疚、自责、担忧的心情，让容闳一路上都倍感痛心。

1883 年春，容闳终于回到了阔别已久的哈特福德。一到家就发现玛丽的病情已经严重到几乎不能说话的程度，连见到他都只能虚弱地向他问候。这让容闳心如刀绞，可尽管玛丽虚弱不堪，但她还活着！这让容闳在绝望之中仍能感到庆幸。

返程路上容闳已经下定决心，回美后要陪伴家人，不再离开了。在容闳的精心照料下，奇迹似乎发生了，此后一个月的时间，玛丽的状态大为好转，脱离了垂危的状态，身体渐渐恢复。

容闳后来才知道，妻子的身体日趋衰弱，与他远游在外有一定联系。因为支持容闳的理想与事业，玛丽从未在丈夫面前表露出自己的担忧与牵挂。可心中的不安却有增无减，又只能压抑在心底，这让她忧虑过度，最后病倒。

在容闳从中国回来前的几天，一位刚从中国回来的传教士前来看望玛丽。传教士说，容闳此次回国中国颇为冒险，清政府欲以幼童出洋肄业局的事情问罪容闳，甚至可能将他斩首。这个荒谬的消息击垮了玛丽，在精神上受到的伤害无疑让她的病情雪上加霜。

现在，容闳安全归来，无疑给玛丽打了一剂强心针。后面的日子里，她的身体日益好转，竟能前往弗吉尼亚州的诺福克避暑。诺福克的空气清新洁净，比康涅狄格州更有利于休养。容闳陪同妻子在当地度过了一个夏天，返回哈特福德时，妻子样子与离家时完全不同，体力恢复了不少，让容闳也受到鼓舞。

后面两年，容闳一直带妻子出门疗养，企图让她完全康复。他们曾在佐治亚州亚特兰大城过冬，第二年又到阿迪朗达克附近疗养。

可惜，变换环境只能暂时缓解病情，无法彻底恢复妻子的健康。时间来到1885年冬天，玛丽开始食欲不振，便想再换个环境休养。容闳建议到新泽西州萨默维尔城去疗养，却没想到这是玛丽最后去的一处疗养地。在萨默维尔，玛丽受了风寒，又拖延了近两个月才返回家中。此后她再

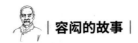

也没有好转，最后因布赖特氏病，在 1886 年 5 月 29 日去世[1]，葬于西带山公墓。

1880 年至 1886 年短短 6 年里，容闳毕生的事业化为乌有，情投意合的妻子离世，维系十年的幸福家庭荡然无存——接连遭受两次重大打击，无法言喻的伤痛几乎把他压垮。

1886 年岁末，眼看悲痛的一年即将过去，可容闳仍旧难以排遣心中悲痛。他待在书房中，本想看书以消解心中郁结。他随手拿起一本唐人诗集，随机翻到了刘禹锡的一首五言律诗。

这首诗映入容闳眼中，让他顿生共鸣，不禁拿起毛笔，一字一句地摘抄下来——

> 弥年不得意，新岁又如何？
>
> 念昔同游者，而今有几多？
>
> 以闲为自在，将寿补蹉跎。
>
> 春色无新故，幽居亦见过。

这首由容闳亲手抄写的《岁夜咏怀》的五言律诗，现在被收藏在耶鲁图书馆。对比刘禹锡的原诗，容闳在摘抄时将尾联中的"春色无情故"改为"春色无新故"。

在一千多年以前，唐代诗人刘禹锡被贬连州。当时，刘母亡故，好友柳宗元也去世了。噩耗接踵而至，诗人遭受事业挫折与亲友亡故的双重打击。这与当时容闳的处境何其相似！正因同是天涯沦落人，刘禹锡的孤独

---

[1] 容闳在自传中记录妻子去世的时间为 1886 年 6 月 28 日。但是根据哈特福德西带山公墓的容闳夫妇墓碑记录的时间，凯洛格去世的时间是 1886 年 5 月 29 日。《哈特福德新闻》和《世界凯洛格族谱》记载，玛丽·凯洛格去世时间均为 5 月 29 日，故在此纠正。

与悲痛才会跨越千年，在容闳心中泛起重重涟漪。

这几年时间是容闳人生的低谷，生命中布满了乌云。唯一的亮光，是妻子留下的两个年幼的孩子。玛丽去世时，留下的长子容觐彤 9 岁，次子容觐槐 7 岁，正是需要亲人无微不至的照顾和关爱的年龄。在 1886 年到 1895 年间，容闳身兼母职，在亲友的帮助下，得以全身致力于他们的教育和成长。

在妻子离世后，容闳望着空落落的房子，内心感到极度空虚。但每当看到两个孩子时，他觉得至少妻子还留下了两个继承了她高尚德行的儿子，不致让自己孤独终老。

容闳长子觐彤 1898 年从耶鲁工学院毕业，1901 年获得哥伦比亚大学机械硕士学位，1909 年来华就业；次子觐槐 1902 年从耶鲁大学毕业，亦在 1911 年时到中国服务，一直在华工作到逝世。可以说，两个孩子聪颖孝顺，忠厚诚实，成为容闳晚年最大的慰藉，也是他的骄傲。

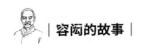

## 3
## 居美十年

1883 年返回美国后，容闳专心照料重病的妻子。在妻子亡故后又独力抚养两个年幼的儿子十多年，亦无暇顾及中国形势。但是他赤诚的爱国心并未因为离开政坛而消失。在此十年间，他和驻美公使张荫桓保持了良好的关系，帮助采购武器、抗议美国排华，并且参加了两位在美的留美幼童婚礼。

1886 年，驻美、西、秘三国公使张荫桓抵达华盛顿。张荫桓是广东南海人，与容闳是同乡，又担任三国公使，便想向容闳这位经验丰富的前辈请教。7 月 14 日，容闳从哈特福德前往华盛顿拜访张荫桓，次日随同公使一同前往白宫拜访美国总统克利夫兰。

对于刚经历丧妻之痛的容闳而言，故地重游并没有在他心底泛起多少涟漪。但是张荫桓和他一见如故，两人对于美国对华政策、留学事务等方面均有许多共同见解，彼此惺惺相惜，大有相见恨晚之感。

结束华盛顿之行前，容闳邀请张荫桓到哈特福德来作客。在 9 月 4 日以后，张荫桓应邀前来哈特福德。当他抵达容闳住所时，容闳已经在门口迎接他，一见面便紧紧握住他的手。

再次见面，两人感情又增进了几分，张荫桓甚至不打算住旅馆，直接在容闳家中住下。两人谈到留美幼童与出洋肄业局未竟之业时，都无比惋惜。张荫桓认同容闳的教育救国理念，此后天津设立博文书院时，他还致信容闳希望他能够前来任教。

9 月 9 日，在容闳陪同下，张荫桓到纽黑文参观了菲特尼武器公司和温彻斯特军火厂。容闳在 1874 年曾取得了加特林公司的武器代理权，在美国的军火公司中有自己的人脉。通过对军事武器的了解和人脉，他为张荫桓推荐适合中国国防的武器，也为北洋水师采购了大炮。

另外，容闳还利用自己的影响力，为在美同胞发声。同年 10 月 20 日，他在美国传教协会第四十届年会上发表演说，抗议美国排华。在演讲中，容闳提到美国太平洋沿岸各地的华人正在遭受屈辱、虐待、立法禁限、谋害和屠杀，而当中国公使因丹佛骚乱和谋杀事件，想向美国提出赔偿和惩罚凶徒的要求时，美国政府则不予以任何赔偿。容闳谴责美国没有履行对中国的协议责任，损害了自身的道德优势，也令传教士的财产和生命处于极度危险中。

1892 年 12 月，容闳致函匹兹堡的唐却斯牧师，抗议排华法案，提及将倡议旅美华人组织抗议活动。信中也再度提到，如果美国排华继续，中国将废除与美国的条约，并可能排斥在华的美国商人和传教士作为报复。

在隐居美国的十年里，容闳依然没有放弃为在美华人争取权利，也说明了他对于同胞与祖国的感情未曾断绝。此外，关于留美幼童的事务，则以另一种形式贯穿在他的生活中。

1888 年 2 月，张荫桓约请容闳到纽约，询问哈特福德出洋肄业局大楼的事宜。肄业局大楼曾是管理留美幼童事务的总部，当时在容闳的一力主张下，于 1875 年建成。容闳本意是在美建有局物业以后，使肄业局扎根美国，清政府不能轻易撤销。可惜所有苦心都在一纸裁撤令下化为乌有。肄业局完成物品资料移交后，在 1882 年 1 月 9 日，由容闳代表清政府在

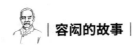

《哈特福德日报》刊登广告，将肄业局大楼出售。

1890 年，第四任驻美公使崔国因就肄业局大楼出售事项咨询容闳。容闳详细汇报了情况：出售楼款为美银 1 万元多，扣除各项费用后剩余 8541.36 元。

然而，崔国因跟支持留学的前任公使不同，他思想保守，对留学计划偏见甚大，曾评价留美幼童是"玩视中学，若忘其为华人"，认为留学计划最后是为洋人培养人才，对中国一无所用。因此对于容闳的回复，也颇多挑剔。

然而，像崔国因这样守旧派的批评诽谤，最终被历史证明不过是对留学计划和留美幼童的无知污蔑之词。容闳与留美幼童的情感，没有因为这些污蔑而受到破坏，更没有因为留学计划终止而结束。

1889 年 11 月 12 日，容闳应邀参加了第三批留美幼童郑廷襄在美国克利夫兰举办的婚礼。五年之后，容闳被邀请到斯普林菲尔德参加第二批留美幼童容揆的婚礼。

第三批幼童郑廷襄，回国后被分配到天津大沽炮台舰队。但他不喜欢这一职位，准备躲在外国轮船上，伺机逃跑。当时郑廷襄并不知道轮船的目的地是哪里，他只想尽快离开那令人窒息的地方。

出人意料也很幸运的是，同为留美幼童的唐绍仪也乘搭这班轮船，准备前往朝鲜海关任职。在这种场合下与老同学相见，唐绍仪错愕了片刻，立刻明白情况，叮嘱郑廷襄不要声张。在唐绍仪的帮助下，郑廷襄借道朝鲜，重返美国继续大学学业。在美国时，容闳与他保持联系，帮助他完成了学业。

郑廷襄最后成为一名机械工程师和发明家，发明了连接火车车头、车厢所用的车钩，创办的"郑氏合伙"公司，主要生产铁路车辆和其他多种器械。由于他发明的车钩非常好用，得到詹天佑的大力推广。所以在很长一段时间里被人误传为詹天佑所研制，后来詹天佑在编写中国最早的英汉工学字典《新编华英工学字汇》时，特为车钩正名为"郑氏车钩"。

容揆在 1880 年脱离肄业局后，又考入耶鲁大学；从耶鲁大学本科毕业后，又进入哥大矿业学院，学习了两年工程。读书期间，容闳为他提供了经济资助。容揆遵照约定，毕业进入中国驻美领事馆工作。

在中学时，容揆便与美国同学玛丽·博哈姆相爱。但是这段恋情遭到了女方家长的反对。博哈姆先生认为两人太年轻，爱情经不起考验。如果两人十年不联系不见面，依然没有变心，就同意两人结婚。

这个考验看似给予了这对恋人成全的机会，实际上是对容揆的婉拒。但是容揆接受了这一考验，在 1894 年再度前往博哈姆家求婚。这一次，他终于与相爱十年的恋人共偕连理，这段爱情也成为了当地佳话。

容闳带着孩子参加侄儿容揆的婚礼。已经成年的容觐彤还主动承担了接待员的工作，在婚礼上迎送往来。看着热闹的婚礼，容闳仿佛看到自己与妻子结婚时候的情景。

但是他更感慨的是，容揆、郑廷襄都是当年被自己亲手带来美国的孩子，看着他们学有所成，成家立业，就像看着自己的孩子一样幸福。事实上，他对这些孩子倾注的心血和热爱，不亚于自己的亲生孩子；而这些孩子留美不归，或是与家人断绝音讯，又或是无法相见，也早将容闳视为父亲。

容闳坐在家长席位上，为这对新人献上祝福。他望着意气风发的新郎，不禁在想，当年的孩子们，现在都过得如何呢？

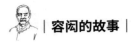 

在渐渐模糊的泪眼里，容闳仿佛又看到了 1872 年初到美国的一张张稚嫩的面孔，然后往事如同走马灯般，那些幼童，也许早已变成成熟稳重的成年人。

假如孩子们都完成了十五年的留学计划，再回国报效祖国，此刻应该会成为国家的中流砥柱。革新社会、造福同胞的理想，必定指日可待！四十年前自己立下的教育救国誓言，那个更加文明、更加美好的中国，也许已经来临了吧？

第十章
# 奉召回国

**1**

# 借款救国

1894 年至 1895 年，中日爆发甲午战争。日本进攻朝鲜，还有我国旅顺、大连，直逼沈阳。中国的北洋水师虽然号称亚洲第一、世界第九，但在与日本联合舰队的交战后损失惨重，不得不退守威海卫基地。

甲午海战的消息传到美国，一直关心国内动态的容闳再也坐不住了。尽管定居美国十多年，但他对祖国的热爱没有丝毫减少。他一边关注战事，一边去信友人蔡锡勇，讲述自己的救国计划。

蔡锡勇曾是陈兰彬使团的随员，与容闳是旧识，1884 年成为湖广总督张之洞的幕僚。容闳在信中提出两项抗日救国的对策：第一项是从英国借款 1500 万美金，用以购置三四艘装甲舰，并招募 5000 名洋兵在太平洋海岸登陆，从背部袭击日军，以此牵制日本在朝鲜的兵力。等到清兵得以喘息，便可海陆双面夹击日本；第二项计划则是将台湾作为抵押物，向西方国家借款 4 亿美元继续支持清军作战。

事实上，容闳的计划只看到了中日之战，却忽略当时英国等欧洲帝国主义国家，已经与日本结成利益同盟，从背后支持日本侵略中国。此时，向英国求援是天真想法。而"抵押"台湾去换取强国的支持的计划，更是剜肉补疮的行为。在危急存亡之际，容闳提出的方案虽有局限性，却是出于救国之意。

蔡锡勇接到好友的信件后，迅速将其译成中文，呈交给湖广总督张之

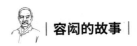

洞。张之洞阅毕信件，同意第一项计划，发电报让容闳前往伦敦筹备贷款事宜。

　　容闳立即前往伦敦。尽管已经年过六旬，但他却和当年采购机器、筹备留学事务一样干练，四处奔走联络银行财团。中国驻英公使已经知道借款之事，亦为他大开绿灯，提供方便。一个月不到，容闳就顺利洽谈好了借款事宜，但英方要求清政府以海关税收进行抵押，否则不予放贷。容闳当即报告清政府，请求批准抵押海关关税。

　　容闳以为借款已是水到渠成，不料他的请求却遭到了直隶总督李鸿章和海关总税务司赫德的拒绝。理由是关税已经被用来当作议和赔偿的抵押款。李鸿章还担心海关税款不够赔偿，又怎能同意把税款当成借款担保呢？

　　而李鸿章拒绝的真正原因，还与朝廷内部帝后两党之争有关。1875年时，4岁的光绪皇帝接任帝位，朝廷大事由两宫太后决断。东太后慈安去世后，慈禧独揽大权，直到光绪亲政后仍不愿放权。这自然引起朝中支持光绪帝的大臣们的不满，这一派大臣以光绪帝的老师、户部尚书翁同龢为首，张之洞等官员是其中的主力。

　　但是，慈禧太后不仅牢牢掌握实权，拥戴太后的大臣更是当朝的实权派，为首的便是直隶总督李鸿章，明显在党争中更胜"帝党"一筹。随着帝后两党矛盾斗争日趋激烈，李鸿章与张之洞的矛盾也日益明显。甲午战争爆发后，面对日本的武装侵略，"后党"主和妥协，在军事上实行"避战自保"。"帝党"主战卫国，但其目的更多在于借开战打压"后党"，进而抬高己方在政治上的地位。

　　在清廷内部派系斗争白热化的情况下，张之洞一见容闳来函，想到的不是救亡图存的方略，而是可用于"党争"的武器，因此才会命容闳前往伦敦借款。

久居美国的容闳又岂会知道清廷内部的勾心斗角？他出于一片赤诚的爱国之心，单枪匹马赶赴伦敦借款。可惜借款计划流产，不仅一片救国苦心沦为派系斗争的牺牲品，伦敦银行集团更是认为这笔借款未经北京政府批准，准备以诈骗罪起诉容闳。所幸美国友人居中斡旋，才使他免于囹圄之灾。

借款不成，无端遭受银行指控，纵然满腹肚子委屈，容闳的救国热情却没有丝毫减退。返回美国以后，他向张之洞发去电报，询问今后的行动方针。

很快，容闳收到了张之洞的复电。看着手中言简意赅的电报，容闳思绪万千。离开祖国已经13年，本以为此生已经与清廷断绝关系，可电报上"请速回国"的召唤，他不由得心潮澎湃。"老骥伏枥，志在千里"，哪怕已是花甲之年，容闳仍然想再为国创一番事业。

现在唯一让他放心不下的便是次子容觐槐。自从妻子谢世，容闳日夜操劳，全心抚养两个孩子。长子容觐彤18岁，已经考入耶鲁大学谢菲尔德专门学院；但次子容觐槐才16岁，还在哈特福德中学读书，需要有人照顾。容闳希望在回国前给容觐槐找到合适的寄宿家庭。

好友推切尔知道后，立刻让容闳把容觐槐送到他们家寄宿，解决了他的后顾之忧。

"不必担心，马礼逊和巴特利就像我们的孩子一样。"推切尔安慰容闳，"孩子们一定会理解你，为你骄傲的。"

"不，把他交给你们我非常放心。"容闳回答道，"巴特利将会成为新

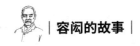

英格兰一流家庭中的成员，会得到极好的照顾。至于他们未来如何发展，全凭上帝的旨意和他们自身的天赋了。"

1895 年初夏，容闳抵达上海。他脱下西服，换上购置的中式官服，下定决心要融入同胞当中，更好地为国服务。在他抵达中国前，张之洞刚调署两江总督，因此容闳直接前往张之洞在南京的寓所。

一路上，容闳心底涌起似曾相识之感。三十年前，他前往安庆谒见曾国藩时，也是这般心潮澎湃。那时候，他看到施行留美教育计划的曙光，那么此次面见张之洞，是否也能让他的救国计划得以实施？

可是，当容闳见到张之洞时，他意识到自己也许错了。容闳还记得第一次见到曾国藩时，他的神情坚毅果敢，在心中已规划好洋务事业的蓝图，眼神中亲切而热诚，给容闳留下了深刻印象。

然而张之洞并没有曾国藩的那般魄力，不仅神情冷漠傲慢，对于容闳的到来也没有任何热情。这种目空一切的态度，使得容闳警惕起来。容闳提到 1500 万美元借款未果之事，张之洞并没有说明为何朝廷不允许此项建议，很快便把话题带过。只有谈到李鸿章昏庸无能，致使国家蒙受战败的耻辱，张之洞才有所回应，可见二人仇怨之深。

这时候，张之洞突然问道："若要让国家长治久安，繁荣富强，纯甫认为该如何？"

容闳回答说："必须立即进行革新。朝廷应聘请四位外籍专家，分别担任外务、陆军、海军及财政这四个部门的顾问。"

他进一步解释说，外籍顾问由经验丰富、讲师卓远、品行高尚之人担任；清廷可拟定十年任期，期满后续聘，同时也要挑选年轻有为的学生协助外籍顾问。对于顾问所提出的良策，朝廷应当采纳并实施。同时，他特别强调，清政府应当依照西方的方法重组朝廷，在西方体制和观念的基础上进行革新。

这些建议在当时来说过于激进，类似于改革政治体制，自然难以被朝廷官员接受。张之洞对此一言不发，只是如同干燥的海绵吸水一般倾听容闳与幕僚们的对话，而没有再开口。在容闳心中，张之洞的才能、气度远远不及当年的曾国藩。

容闳认为，当时曾国藩心中已经有了中国自强发展的规划，容闳只不过是受命实施应做之事。但张之洞对革新朝政并无任何想法，容闳认为他并非开明之人，不相信张之洞能在战争后有所作为。

另外，张之洞也不认同容闳激进的改革建议。离开南京去往武汉前，张之洞将容闳任命为江南交涉委员，并未召容闳随行。容闳对张之洞的想法心知肚明，所以没有与之周旋。出于官场礼节的考虑，他在南京任职三个月后，才辞去这一月薪 150 美元的闲差。

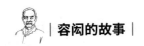

## 2
# 两献计策

回国后，容闳重新思考起创办国家银行的计划。在美国留学和生活时，容闳对美国银行业的优点便有了清晰的认识，推动创立国家银行成立成为他的救国方略之一。

1860 年跟随传教士造访太平天国时，容闳给洪仁玕的七条建议中，第五条便是"创立银行制度，及厘定度量衡标准"。然而随着太平天国的失败，容闳的建议并未得到实现。

1886 年任美公使的张荫桓到哈特福德拜访容闳时，容闳又一次提出创办国家银行的想法。张荫桓是容闳的广东同乡、在美时的老相识，思想比较开放。在 1886 年 9 月 8 日，容闳曾邀请美国人墨兜颖来与张荫桓商谈，可惜张荫桓认为中西有别，没有支持容闳的国家银行计划。

此后，国家银行计划便被耽搁了十年。容闳曾向张之洞提议创办国家银行，张之洞对此颇感兴趣，通过幕僚梁敦彦向容闳索要其所译的银行章程。

1895 年 8 月 10 日，梁敦彦奉命给容闳发电报索要银行章程。但容闳已经遗失了之前的译稿，只能重新再译。这一次容闳联系到留美幼童黄开甲，将《联邦立案银行法》《1875 年美国修订制定法》及其附加法律条例中有关国家银行法的内容译成汉文。

但是，容闳译稿完成后，国家银行计划似乎未再得到张之洞的关注。

次年春天，容闳带着文书前往北京，计划游说清政府在北京设立一家国家银行。

抵达北京后，他先去拜访老朋友张荫桓。当容闳再次向张荫桓提出设立国家银行的必要性，并呈上具体方案以及翻译的《1875 年美国修订制定法》一书时，张荫桓十分赞同，连连点头。

此后，张荫桓邀请容闳到自己寓所居住下来，共同研究译文和修改条陈。他俩认真研究了西方发达国家经验，从当时中国国情出发，逐条对条陈进行修改，确定符合中国实际情况的具体做法。完善后的条陈被进呈给时任户部尚书的翁同龢。

翁同龢认为设立国家银行之举利国利民，表示积极支持。在翁的召集下，户部重要官员都到容闳居处，了解国家银行的建设方案以提供意见。

几天之后，在张荫桓的帮助下，容闳再次根据收集到意见进行修改。在 1896 年 3 月 27 日，经张荫桓引荐，容闳正式向户部尚书翁同龢呈递了一份《请仿泰西设立银行条陈》，获得了翁氏的认可和支持。

条陈内容包括：由朝廷筹款开办中国银行，以一千万两为资本，此一千万两用作国家银行开办费，将来按商业增长比例逐年增加资本。其中二百万两购地建屋；二百万两用于购置印刷机及铸币厂所需的机器，以印刷朝廷债券和各种面额银票的；六百万两存入户部，其中八成用以制成银票，随时兑现。

国家银行总行负责拨付官款，分行招收商股，并详细规定了招股份额与利率。此外还规定由国家银行兼管铸造货币，由京都总行制造金银钱币。因为土法开采金矿损耗过大，需要聘请专业采矿人员进行开采。铸币方面，先行铸造银币供民间使用。

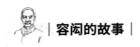 

　　为了实施《银行总纲四条》的要求，容闳还制定了《总行章程十二条》《分行章程二十四条》《续拟银行条程六条》等，详细规定了银行各个机构的权限、职责、义务、权利、财务关系等，使得总纲更为规范，更具有可行性。

　　得到翁同龢的许可后，容闳立即开始着手筹备国家银行。他派人前往各地调查选购地址，同时接受户部的命令，准备到美国与财政部商议此项计划，为设立国家银行寻求最佳方案。

　　就在户部尚书翁同龢准备上奏朝廷，请求拨款一千万两开办国家银行时，一封电报被送到了翁同龢的手中。

　　电报来自被人称为"盛道台"的盛宣怀。他是当时的中国电报局总办，兼任上海轮船招商局督办。在电报中，盛宣怀请翁同龢暂缓上报国家银行筹款计划，等他在两周后抵达北京后再议。

　　翁同龢与盛宣怀关系密切，对于好友的要求，虽然满腹狐疑，但还是同意暂缓上奏。盛宣怀消息灵通，任何有利可图的实业或特权，都逃不出他的耳目。

　　此前，容闳在朝廷和报刊对国家银行的高调宣传，自然引起了盛宣怀的关注，他原本也计划创办商业银行，想借此垄断国家经济命脉，这中途杀出来的国家银行计划，极有可能打乱自己的如意算盘。因此，盛宣怀不惜电联翁同龢阻止上奏朝廷，甚至重金行贿官员，借助自己的人脉，硬是把原本属于容闳国家银行计划的资源截为己用。

　　在盛宣怀的运作之下，国家银行计划被搁置了。盛宣怀收买实权的官员，游说他们反对容闳的国家银行计划，支持自己的银行计划。

　　11 月 1 日，盛宣怀向光绪皇帝递交了条陈《自强大计折》，以及《设立达成馆》《开设银行》两个附片，详细阐述了其开设银行计划，强调了银行的重要性，力主银行商办，不主张官商合办。

11 天后，清政府同意了盛宣怀的奏请，商业银行计划得到批准，容闳的国家银行计划宣告失败。

事情传到容闳耳中，不禁让他捶胸顿足。这一次，他意识到清政府的腐败程度远超乎他的想象。腐败不仅导致国家银行计划失败，更致使整个国家萎靡不振——当金钱成为无所不能的通行证，当一个国家的政府从上至下都可以被行贿，任何事都可视为交易，这样的国家还有希望吗？

容闳在自传中写道："政治贿赂好比吸附在国家这艘船底上的藤壶，肆意破坏船体，个人得益越是丰厚，国家倾颓则越是迅速。"

虽然设立国家银行计划被破坏流产，但容闳仍然怀有一线希望，继续寻找其他实业救国的新途径。经过一段时间的调查和思考，决定建言修筑铁路。

修造铁路，发展经济，从而造福民众，是容闳的一贯主张。最初计划中，容闳希望向外国借款在全国兴修铁路。在《兴筑铁路呈文》中，容闳提出六项建议。

一是变通招股。改变过去只招华股、不收洋股的保守做法，实行华洋共股，同造铁路，共分利润。

二是定印借券。为减轻国库负担，须印制铁路借券，注明本息、年限，绘制图案，编定号码，组织行商市民认购。

三是议定息利。股商在承办建路期间内，除生产性消费和必要开支外，所剩利润，应由合股股商与政府平分，各占一半。

四是赐予权利。容闳认为，政府应给铁路公司若干权利，如修筑完成

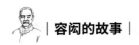

后的行车权、对铁路沿线矿藏的开采权、受地方政府的保护权、运载建造材料豁免厘税、铁路职工生活必需品的优先供应权等等，以保证修建工程的顺利进行，保障建筑工人和技术人员的生命安全。

五是严定章程。铁路公司中任职管理的洋人，必须选用有经验的熟手，如果有酗酒滋事或者苛待华工的行为，立刻撤换，严加管理。

六是培养人才。修筑铁路所需人才众多，不得不聘用洋人。此时就有必要培养自己的管理人才，以便铁路收归国有后不致出现管理真空。另外，公司应当兴办铁路学校，培养专门的铁路技术人才和管理人才。

容闳修建铁路的条陈被《时务报》全文发表。主笔梁启超还加上按语："至办铁路，但借西人之资，即以铁路余利为息，并按年除本，逮廿年后，即可本利还清，尤为权自我操。"

然而，因为计划过于庞大，条陈上呈后并未得朝廷回应。容闳后来调整了计划，转从小处着手，改为修建比较具有可行性的津镇铁路计划。

津镇铁路是连接天津与镇江两口岸的铁路。天津处北，镇江在南，靠近扬子江口，两地相隔五百英里，经过山东德州修建铁路后，可以有效疏通中国的南北铁路交通。

容闳在1898年《致总理衙门兴筑津镇铁路条陈》中提出修筑津镇铁路的22条具体措施，包括成立津镇铁路公司、鼓励民间投资集股、对铁轨机车木材等材料免征厘税金、铁路公司掌握铁路沿线矿业优先开采权等。

这份条陈内容比此前的更为全面、科学，将建筑铁路、筹集资金、人事管理、科学勘察和人才培养等方面都纳入其中，得到了总理衙门的认可。1898年，总理衙门上呈《奏办津镇铁路折》，请旨获准允许容闳筹资设立铁路公司，修筑津镇铁路，但是不同意容闳在美国股票市场融资的设想。

然而，光绪皇帝对津镇铁路的朱批墨迹还未干，容闳就立刻收到了来自国内和国外两方面的反对。

来自国内的反对声音，为首的是两江总督刘坤一、湖广总督张之洞。他们认为津镇铁路修成，定会挤垮芦汉铁路，必须马上制止。张之洞致电总理衙门，提出的反对意见包括：其一，招收洋股将导致铁路会被洋人把控，未来铁路公司很有可能与德国勾结在一起；其二，铁路经过山东，触动德国利益，会激怒德国。

来自德国方面的抗议也几乎是同样的调子。德国占据了山东，将此地视为禁脔。德国驻华公使拿着中德《胶澳租借条约》，宣称德国专有山东全省的铁路铺设权，要求总理衙门阻止容闳在山东境内筑路。归根结底是津镇铁路影响了德国独霸山东路权的企图，同时他们还得寸进尺地提出，必须由德国修筑从清江经山东济南至天津的铁路。

容闳在条陈中说明修筑津镇铁路的重要性：德国人借口教案占据胶州湾，如果由他们修筑铁路，必定直达济南，再延伸至德州，往北可以直通直隶天津等京畿腹地。这一关键地区如果让外国人把控，后患无穷。所以，由中国自行修筑津镇铁路，除了交通意义，更是具有国防意义。

德国的反对证实了容闳的先见之明。所谓的"山东全省铁路铺设权"极为荒谬，在国际法和大清律例中皆无依据。但此时中国过于孱弱，不敢反驳，无法维护国有主权，而外务部中也无人上书揭露德国人的荒谬之言。

面对德国的压力，总理衙门责令容闳将津镇铁路绕过山东，改由浦

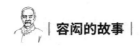 

口经河南开封至天津。但铁路如果绕行山东，经过黄河，再由安徽进入湖南，则此路将延长至七百英里，大大提高了修路的成本。

另外，总理衙门不允许容闳吸收外国资本入股，只能招募中国资本，并要求以半年为限，逾期不能招足股本，则不再准许容闳集资修路。这一釜底抽薪的命令，显然是迫于德国的压力，想让容闳主动放弃。

容闳很清楚，要说服当时的中国资本家投资兴造铁路是何其不易，由此也看出了总理衙门的真实目的。

如果说向英国借款扩充军力是因为朝廷内部倾轧导致失败，那么兴办国家银行计划流产，则说明清政府官员的贪污腐败已经无药可救；建议修筑津镇铁路无果，更是在前两者的基础上，暴露出清政府在内政外交方面的软弱无能。接连遭受三次失败，容闳不再对修筑铁路计划抱有希望，也放弃了为国效力的最后努力。

此后，他不再寄望于清政府中的旧官僚，转向支持康有为和梁启超的变法。

## 3

# 投身变法

1895 年 5 月，中国在甲午战争中落败，被迫签订丧权辱国的《马关条约》。国内群情激奋，也刺激到了正在北京参加会试的康有为、梁启超等人。他们联合了各省在京城参加会试的 1300 多名举人联名上书，痛陈割地赔款引发的严重后果，将维新运动推向高潮。

维新派通过办报馆，大力宣传维新变法的重要性、紧迫性；通过创办学校和建立学会，培养变法骨干人才，探究维新变法之学理；并经常举行集会演说，大声疾呼中国必须马上变法图强。

容闳在北京的时候，曾遇到康有为、梁启超二人。二人带着浓重广东口音的官话，让容闳倍感亲切，渐渐与他们熟悉起来。深入了解其政治主张后，早已认为朝廷需要改革的容闳，对维新派的救国目标和政治理念深表认同，开始积极参加维新运动。

此时，容闳已经对洋务派不抱希望：他认为李鸿章妥协、误国，既不能振兴实业，又在留美幼童计划上犯下了全员裁撤的错误；张之洞对中国全局没有任何方针规划，为人城府太深，难以捉摸。而自己提出的三项救国建议均以失败告终，容闳决心与洋务派分道扬镳，探寻另一条救国之路。

另外，维新派的变法改革，与容闳的救国主张相通。中国在甲午战争中惨败，深深地刺激了容闳。他感觉到清政府的顽固腐败，中国的落后贫

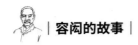 

弱，单靠西方科学技术是无法改变的。必须学习先进的社会制度和政治体制，在中国建立资本主义政治制度，这与康、梁的改革目标是一致的。

维新派也对容闳的为人和理念极为认同。康有为盛赞容闳"为人朴诚忠信，行谊不苟"，对其无限信任，几乎在所有富强国家、维新变法的重大问题上，都与容闳商量过。其中在提交给御史宋伯鲁和陈其璋的奏折中，康有为强调"设法自保，牵制各国"的基本国策，提出向美国借款，"广开矿务铁路，境外通商，以图自富"，"增强练水陆各军，多头船械，以图自强"等方案，无疑与容闳提出的借款扩充兵力、修筑铁路等策略是相通的。

在康、梁的影响下，容闳认为光绪皇帝是意图有所作为、支持维新变法的贤明君主。光绪帝自成年亲政起，便处处受到不愿交出实权的慈禧太后的监视。为了力证自己的正统地位，他决心革新朝政。然而，慈禧太后已被篡权之欲所蒙蔽，认为光绪皇帝只适宜充当政治傀儡，当其出现想要亲政掌权的苗头时，就应当被幽禁在深宫，严加监管。

容闳向英国借款的计划，就是在帝后两党的倾轧下失败的。他与康、梁一样，希望光绪帝能像日本天皇、英国女王那样，支持维新改革，让中国走上资本主义道路，成为一个富强的君主立宪制的国家。

1898 年 4 月 9 日，康有为在北京发起组织"保国会"，以"保国、保种、保教"为宗旨，先后策划组织了几次活动。4 月 17 日，容闳参加了保国会第一次大会。会议在北京宣武门外菜市口南面的粤东会馆举行，会场设在会馆后院戏楼。这一天，上自朝廷二三品大员，下及北京的行商坐贾，还有外地进京赶考的公车举人参加了会议，到会高官 200 余人，戏楼上下座无虚席。

在会上，康有为慷慨陈词，直指现在中国四万万同胞如同牢中之囚，为奴隶，为牛马，为犬羊，听人驱使，听人宰割，如果再不变法图强，则必定像缅甸、越南、印度、波兰那样灭亡，国人必定沦为亡国奴。

"救亡之法无他，只有发愤而已。"康有为讲到动情之处，不禁大声疾呼："人人有亡天下之责，人人有救天下之权。果能合四万万人，人人热愤，则无不可为者。"

这一席慷慨激越的演讲，将在座的众人说得声泪俱下。在观众席上的容闳，也深为康有为动情的演讲以及崇高的爱国精神所折服。保国会后来陆续在嵩云草堂、贵州会馆开会，定出章程 30 条，提倡保国、保教、保种三策，容闳都积极参加，同与会者商讨了救国匡时之方。

1898 年 6 月 11 日，光绪接纳康有为等维新派人士的意见，实行维新变法。此后陆续颁布变法诏令一百多道，宣布进行全方位的社会变革。康有为多次在奏折中向皇上荐举容闳，容闳更是精神振奋，备受鼓舞，认为光绪帝年轻有魄力，雷厉风行，如此下去，中国振兴为期不远。他决定暂留北京，以视其发展情形。

然而，这场运动仅进行了 103 天，便爆发了"戊戌政变"。在政变中，以慈禧太后为首的顽固派疯狂反扑，光绪帝被慈禧太后废黜，维新派领袖"六君子"被捕，并被立即斩首。皇权被慈禧太后所篡夺，维新变法以失败告终。

由于容闳与康、梁二人接触很多，活动频繁，早已引起顽固派官僚的注意和监视。5 月 17 日，变法开始前一个月时，体仁阁大学士徐桐便上奏折弹劾维新人士说："又闻张荫桓与其同乡人道员梁诚、容闳等，与洋人时相往还行踪诡密。"

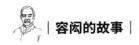

因此在变法过程中，容闳也成为朝廷关注的目标。9月21日慈禧囚禁光绪帝，变法失败，朝廷开始大肆搜捕维新派成员，容闳自然也被列入逮捕名单。可他首先想到的是康、梁的安危，设法帮助他俩逃出险地。

容闳请求美国公使设法营救康有为，又致函英国传教士李提摩太，请他帮助梁启超脱险。9月30日，梁启超及谭嗣同私下会见李提摩太，与其商量如何保护皇帝。经过商议，决定由美国国籍的容闳去见美国公使；梁启超去见日本公使，而李提摩太自己去见英国公使，使他们立刻去设法保护皇帝。

但是，美、英公使以没有得到本国政府命令，不便于行动为理由，分别借口到西山或北戴河度假为借口，拒绝营救光绪皇帝。

之后情势更为紧迫，康有为在英国人的帮助下逃往香港，后流亡日本。梁启超潜入日本使馆，化装逃往日本。容闳因有匿藏和同情维新派人士之嫌而受到牵连，只能离京逃往上海，定居上海租界。为了安全起见，1899年，他再转移至香港，其后直到1902年，容闳均在香港暂居。

# 4

# 中国国会

近代帝国主义国家对华的疯狂侵略，点燃了中国人民的怒火。1899 年，义和团运动从山东、河南兴起，迅速席卷中国大地，直逼华北、天津，给予帝国主义沉重的打击。为了镇压中国人民的反帝运动，列强组成"八国联军"，在塘沽登陆，妄图一举歼灭义和团，压迫清政府。

看到义和团运动以摧枯拉朽的势头席卷全国，慈禧太后以此为倚仗，向列强"宣战"。然而当八国联军登陆后，她立刻带着光绪帝逃出北京，西行避祸。

张之洞、盛宣怀等与参战各国达成协议，史称"东南互保"。他们称皇室诏令是在义和团胁持下颁布的"矫诏、乱命"，在东南各省"不奉北京诏令"，拒不支持义和团。此举避免了河北、山东以外的地区受到义和团与八国联军战火的波及，但也大为削弱了中央的权力，致使地方总督的军政权力进一步扩张。

义和团运动兴起时，容闳一方面支持张之洞的"东南互保"计划，另一方面则与唐才常一起组建了"中国国会"。唐才常是湖南浏阳人，和谭嗣同是至交。戊戌变法时，在湖南积极推进维新事业，他在上海组织"正气会"（后称为"自立会"），联络哥老会，购置武器，成立自立军，组织七路大军，密谋在长江一带，以"勤王"相号召，讨伐慈禧太后，营救光绪皇帝。

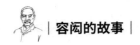 

7月26日，唐才常以"挽救时局，救国保种"为理由，在上海愚园召开首次"中国国会"会议，邀请维新派及革命派人士参加。容闳应邀从香港来到上海参加会议。到会的人员还有严复、章炳麟、文廷式、叶瀚、宋恕、马相伯、唐才质、毕永年等社会名流。唐才常计划号召各省起事，在三天后又召开了第二次会议。

在中国国会的第一次会议上，容闳以42票被推选为议长，严复为副议长，唐才常为总干事，议员有章太炎、文廷士、马相伯、毕永年等52人。容闳为此拟定了英文版对外宣言，严复将其翻译为中文。

中国国会及之后的自立军运动，实际是戊戌变法失败后，革命派与保皇派相互作用的结果。以唐才常为首的激进知识分子认为，走自上而下的改良道路已经完全行不通，只能效仿日本的长州和萨摩两藩，进行起义，同时借助康有为和孙中山两股反对慈禧太后的力量发动反清起义。

容闳高票当选议长，说明他在两派人物当中都具有极高的声望与地位。章太炎曾致信革命党人陈少白，提到："容君天资亢爽，耄益精明，诚支那有数人物。"

然而，革命派和保皇派之间始终存在难以调和的政治分歧。中国国会确立三项主要宗旨：一要保全中国自立之权，创立新共和国；二是决定不承认清政府有统治中国之权；三要请光绪皇帝复辟。

但是，既"不认清政府有统治中国之权"，又"请光绪皇帝复辟"，实在是自相矛盾。章太炎就此提出异议，批评唐才常一面驱逐清政府，另一面又拥戴清朝皇帝，称其"实属大相矛盾，决无成事之理"，当天便写下《请严拒满蒙人入国会状》，表示"不臣满洲"，宣布退会。

会议结束后，唐才常等人前往汉口，计划在湖北、湖南、江西等地同时起义，而康有为承诺提供资金支持。起义时间定在 8 月 9 日，起义后自立军准备拥戴张之洞，进而宣布湖南、湖北独立，成立东南新政府，以对抗北京清政府。

然而，唐才常没有认清张之洞的真实面目，只是天真地认为张之洞会支持共和。在前期，张之洞的确对自立军采取默许态度，允许其部下参加自立军，甚至让自立军的领导人到武汉新军中去阅兵。但张之洞完全是投机心态参与，当英国与东南各省提督达成瓜分协议后，张之洞立刻改为镇压自立军。

另外，康有为原本答应汇给起义军的款项迟迟未到，唐才常不得不延后起义时间。在起义前，康、梁对唐才常明确表示会给予资金上的支持，但康有为身为保皇派，其目的在于逼迫慈禧太后退位，实现光绪帝复辟。这从根本上与自立军推翻清政府的目标相背，立场不同致使康有为中断对自立军的援助，起义不得不延期。但因为长江沿岸戒严，自立军中负责统帅前军的秦力山未能及时获得消息，仍按照原计划起义，导致起义失败。

8 月 21 日，张之洞逮捕了自立军指挥机关三十余人，次日即血腥杀害了唐才常等二十余名骨干，自立军起义遂告失败。

自立军起义的时候，容闳的族弟、第三批留美幼童容星桥，以孙中山代表的身份参与了汉口的起义活动。张之洞处死唐才常等二十余人后，继续通缉中国国会的 315 名成员，其中就包括容星桥。

汉口城内当时已是风声鹤唳。容星桥被列入"最为著名匪首"之一，被点名通缉，他的顺丰茶行也被官兵包围。所幸容星桥见机行事，在茶行内剪短头发，更换衣服，背上茶箱乔装成运茶的苦力，顺利避开官兵耳目，一路逃亡到长江边，最后幸运地乘上"德兴"轮船，逃往上海。

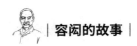 

担心在上海遭到围捕，容星桥决定秘密联系容闳接应。他在船舱中找来木片，用炭块简要写下情况，托人把信息传递给容闳。当时身在上海的容闳，并不知晓自立军起义失败的消息。直到收到容星桥的信息，他大吃一惊，当机立断想办法把容星桥从船上接走，将其藏匿起来。

第二天，听完容星桥讲述事情经过，加上前来拜访的日本友人井上雅二带来的消息，容闳方才得知汉口发生的事情，震惊得无以复加。容闳并不知道唐才常起义之事，更未曾料到同志之士就此牺牲。

根据井上雅二的分析，唐国才起义与康有为的鼓动有关，加之起义后康延迟汇款，导致自立军起义失败，这为容闳与康有为的关系恶化埋下了伏笔。

因容闳亦在通缉名单之列，为了自身安全，他化名秦西，在9月1日与容星桥乘坐"神户"号轮船赴日，再经由日本返回香港。在"神户"号上，容闳遇到了孙中山。

虽然中国国会和自立军起义只是昙花一现，然而现实令容闳进一步认识了武装斗争的重要性。他开始摒弃采用和平方式寻求富强国家道路的幻想，并从思想上开始向孙中山领导的革命派靠拢。

# 5
# 末次回乡

光阴似箭，日月如梭，不知不觉已是 1901 年冬天了。因参与维新变法和策划自立军起义，容闳被清政府列为通缉犯，只能客居香港。常言道落叶归根，但是年逾古稀的容闳，却已经预见到自己的晚年只能在大洋彼岸度过了。

1892 年，容闳的兄长容光杰和嫂子张氏先后去世，当时容闳正在美国哈特福德，无法见到兄长最后一面，成为他心中难以弥补的遗憾。他一直希望能够回乡祭扫，再想到上次返乡已是三十年前，容闳心中更是无限唏嘘。他越发觉得，趁着现在身体还硬朗，香港距离南屏也不远，应该再回一次故乡。

于是，1901 年底至 1902 年春，容闳第三次回到了故乡南屏，居住在侄孙家中。拜祭了父母兄嫂以后，他还专门到甄贤社学走了一圈。

甄贤社学 1871 年在容闳的倡议与捐资 500 两银子下成立。提议兴办学校的时候，恰是首批幼童出洋之前。那时候，容闳毕生梦想得以实现，正是意气风发之时。

十年人事几番新。三十年后，甄贤社学规模不断扩大，办学质量不断提高。这所乡村学校免收学费，让南屏容氏子弟都有书可读，启迪心智。受到甄贤学校的影响，南屏容氏子弟知书达理，上进求学蔚然成风，进而影响周边各姓及北山、前山等地，也纷纷兴办学校。

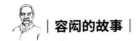

看着学校中的一草一木，创办学校的过程仿佛就在昨日。当时首批幼童赴美，容闳年届不惑，毕生的理想即将实现，可谓意气风发。但是，三十年过去了，经历过留学计划中途而止、中美外交折冲樽俎、甲午战后救亡图存，还有改良维新的昙花一现，为什么青年时代心之所念的"富强文明"的中国，还没有到来？

想到这里，容闳不胜唏嘘。此时，教室传来稚嫩而清脆的读书声，犹如一线阳光驱散了他心头的阴霾。路漫漫其修远兮，他依然坚信教育能够改变中国命运。可容闳听到孩子们诵读的是《三字经》《百家姓》《千字文》时，他不禁皱起了眉头。历经沧桑的老人深知私塾式的传统教育，无法给中国带来任何希望。

为此容闳召集乡亲，建议将甄贤社学改为新学堂。但直到1905年朝廷废除科举制，甄贤社学才改为新式学堂，正式更名为"甄贤学校"，由侨居美国的容闳出任名誉校长，容星桥为第一任校长，这已是后话。

从乡亲们口中容闳得知，甄贤社学现在只能教授小学课程。学生们完成小学学业，便无处升学。对此，他觉得可以效法欧美各国，在镇乡建立中学，接纳各村乡学的毕业生，继续读书。

时至今日，教育仍然是容闳最为牵挂，也最为热诚的事业。他决定支持乡里再建一所中学，为此登门拜访周边各村的乡村父老，提议在屏岚园办一所中学，让南屏、北山等地的子弟可以就近升入中学学习。

这个建议得到大多数族人的支持。可是北山村有位退职的"游击将军"[①]，以办中学会破坏风水为由进行反对。这伙人到处散布谣言，声称办

---

①　清代从三品武官。

学会破坏南屏风水，引得部分迷信的村民也跟着反对，阻碍办学计划。最后，容闳只得黯然离乡返回香港。

1902 年 4 月，容闳回到香港，准备返美参加次子容觐槐在耶鲁大学的毕业典礼。他寓居香港的最后时光，不少中西人士前来拜访，或是请教西学，或是来探讨救国救民良方。革命党人更是纷纷造访，商量救国大事。一时间，容闳的香港皇后饭店寓所，成了革命党人经常出入的联络地、青年人寻求真理的场所。

青年革命党人刘成禺，非常敬佩容闳的品德与学问，把他当成自己的榜样。4 月中旬的一天，刘成禺和贵州乌程的沈虬斋两人登门拜访了容闳。

两个朝气蓬勃的年轻人让容闳既兴奋又感慨。青年们的面孔，与三十年前留美幼童们的面容似乎重叠起来——虽然青涩，却志向远大、心志坚定，毅然肩负起改造国家的重担。

他握着刘成禺的手，欣慰地说："看到你们这些年轻人，我真的非常高兴。你们是中国的未来啊！"

当晚，容闳请他们到自己寓所共进晚餐，并赠送刘成禺一本在美国出版的书籍，书名叫 *Ten years in China*，译名为《在中国十年》。

容闳表示，这本书记录了自己在中国十年所经历的事情，把自己为国家改革事业和民族振兴所提的建议都写了进去，可以给刘成禺作借鉴参考。

他语重心长地对刘成禺说："我已经老了，此次离开中国，恐怕要在美国终老了，可能再也没有机会见面了。你尚且年轻，已有扎实的中学功底，如果能够沉浸西学，一定会大有所成，能造福于中国。"容闳又讲了张良遇见黄石公得授兵书的典故，他说："我不是黄石公，但是刘君你可以

成为张良，为国家谋福祉。"

刘成禺马上站起来，诚心地回答说："我愿拜先生为永久之师，以师长之礼对待您！"

容闳看他态度诚恳，颔首表示愿意接纳他为弟子。刘成禺立刻跪下行弟子之礼，容闳当即把他扶起来，连声说："免此礼了，免此礼了！"

两人坐下来，一起分析当前的国内形势。容闳反思了自己对义和团的偏见，肯定了农民革命运动和民众的力量。他非常推崇孙中山，将其视为中国的华盛顿和富兰克林，并叮嘱弟子刘成禺应当拥护孙中山，帮助其完成革命大业。最后，他教育刘成禺戒空言，务求实，担当起救国建国的历史责任。

刘成禺在1903年加入兴中会，并考入日本成城陆军预备学校学习。但因发表反清演说，失去公派留学生资格并被逐出东京。此后他考入加州大学继续学习。1911年武昌起义爆发后，刘成禺回国投身辛亥革命，后来成为孙中山的顾问。可以说，容闳的教诲和对青年们的期望，促使他走上革命之路，并且影响终身。

第十一章
## 投身革命

# 1
# 遇见孙中山

1900 年 9 月，由于唐才常自立军起义失败，容闳被清政府通缉。他化名"秦西"，与族弟容星桥乘坐"神户"号逃往日本。

容星桥是第三批留美幼童的成员，也是留美幼童中唯一的革命党人。早在 1895 年，容星桥便加入兴中会。唐才常起义时，容星桥在汉口参加自立军活动，因此也被清廷一并通缉。

当"神户"号从黄浦江口驶出，祖国在容闳身后越来越远。几番救国，却在晚年落得戴罪逃亡，容闳并未感到后悔。可未来之路该何去何从？这让他不由得深感迷惘。

望着茫茫大海，年过七旬的容闳，饱经沧桑的眼眸里满是疲倦。为了让中国走向富强文明之境，他苦苦探索了半个世纪，学习西方技术、改革政治制度，种种尝试均告失败，中国的出路究竟在哪里？

容闳正在望洋兴叹，苦苦思索之时，容星桥向他引荐了一位在船上偶遇的朋友——"中山樵"，也就是化名前往日本的孙中山。

当时，孙中山已经建立革命组织兴中会，规定以"振兴中华"作为立会的主要宗旨，提出"驱除鞑虏，恢复中国，创立合众政府"的革命主张，曾策划发动革命起义，并初步形成了三民主义思想。孙中山对容闳极为景仰，得知容闳也在船上时，便立即请求容星桥为自己引荐。

在容星桥的介绍下，容闳对这位年轻干练的香山同乡也极有好感。孙

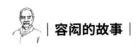 

中山早年在檀香山求学，后在香港学医，学贯中西的孙中山与容闳一见如故。他们从国家军政大事聊起，发现对于许多问题的看法都是一致的。两人皆痛恨清廷腐败无能，孙中山更是强调："清廷已经无可救药！唯有革命一途，才有可能建设富强之中国！"

这番话让容闳想起回国后多次提出富国强兵的改革倡议，均被当权者所拒绝，痛定思痛才认清顽固腐朽的清政府是振兴国家的根本阻碍。现在，起义失败说明维新改良之路在中国已经无法走下去，只有推翻清朝，才是挽救中国的唯一道路。

容、孙二人惺惺相惜，一路商谈直到轮船抵达长崎。容闳意犹未尽，投宿库利夫旅馆。当天下午容星桥与孙中山又到旅馆拜访，于是容闳便留在旅馆内进行闭门密谈。

这次轮船上的相遇，容闳与孙中山相互了解，增进了革命友谊，彼此都留下良好印象。容闳钦佩孙中山的品格、胆识和才华，赞扬"孙逸仙宽广、诚明、有志"，有美国总统华盛顿和富兰克林的心志。而孙中山十分钦佩容闳的救国主张，认为其"声望素著，富新思想"，"中国政治改革派中众望所归的领袖"。此次会面是容闳转向革命派、支持革命的重要转折点。

容闳在返回美国后，仍然与维新派保持较好的关系。1902 年 8 月，他两次致信梁启超，邀请梁启超赴美考察。梁启超因事务繁忙，直到 1903 年 4 月才动身前往哈特福德与容闳会面。容闳热情地接待了梁启超，为他引荐在美的留美幼童，并陪同参观哈佛大学。1904 年，康有为之女康同璧赴美留学，亦在容闳家中居住半年。

1908 年，因为康有为在财务上公款私用，令容闳十分不满。当年 8 月

17日，在写给谢缵泰的书信中，容闳强烈谴责了康有为及其保皇党。此后，容闳与保皇党渐渐疏远，最终割席，彻底转向支持革命党。

这时，倡导"中国革命计划"以推翻清政府的美国人荷马·李和布斯找到了容闳。他们希望物色一位合适的中国政治反对派领袖。经过商议，三人一致认为孙中山最为合适，这也是容闳对孙中山革命计划的有力支持。

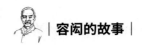

## 2
# "红龙-中国"计划

1908 年 9 月，倡导"中国革命计划"以推翻清政府的美国人荷马·李和银行家布斯找到了容闳，在北美秘密策划了以"红龙 – 中国"为代号的反清革命方案。

方案内容包括组建中美联合财团（辛迪加，Syndicate），以便从美国资本家处筹资发动革命。其中海外财团部分，由美国资本家负责筹集革命所需九分之五资金；其余款项由中国各反清会党组成的华人财团进行筹集。为开展革命，策划者们曾多次与保皇会、袁世凯、唐绍仪、致公堂和中国国内的三合会、哥老会等会社秘密联络，并游说 J. P. 摩根等美国资本家，尝试构建反清大联盟。

容闳在 1908 年 9 月接到荷马·李的信件，次月在哈特福德接待了来访的布斯，接受了荷马·李分配的任务，即由容闳负责联络反清会党领袖，争取到抵制美货的粤商集团和华南地方实力派支持革命。容闳从此积极投入"红龙计划"的联络和策划工作中。

他于 12 月初拟写了邀请保皇会、革命党、哥老会和自立会领袖来美国洛杉矶协商组建反清革命联盟函稿，意图整合海外反清力量、筹资组建财团，成立组织机构和开展民族革命。他本人有意担任临时政府总统，并委任荷马·李为革命军统帅与新政府陆军总长，由布斯担任临时政府资政会主席和财政总长。

但是，美方推翻清政府的目的，并不是出于对民主、自由的追求，而是有自己的企图。

"红龙计划"的实际发起者，美国军事家荷马·李身材矮小，视力不佳且驼背，身体的缺陷致使他被美国西点军校和陆军拒绝，无法实现其从军愿望。因此，荷马·李参加中国维新运动和民主革命的动机，常被认为是美式个人主义影响下对自我价值实现的追求。

但除此之外，发动中国革命，也是荷马·李地缘政治战略布局的一部分。他希望在中国建立起独立、自由、进步的亲美政权，以便与"盎格鲁—撒克逊"种族结成战略联盟，在亚洲抑制日俄德法联盟的势力，以维护英美在太平洋地区的霸权。

实现这一目标的方法，就是通过暴力革命激发中华民族的尚武精神和爱国主义。荷马·李认为中国进行自我革命的关键，是找到一位有雄才伟略的英明领袖，由其来激发民族斗志和尚武精神，进而加强中央集权，建立新政府驱逐入侵列强，最后实现民族复兴。因此，他先与康有为联系，后又找到容闳与孙中山共同策划反清计划。

另外，美国国会无限期延长《排华法案》引发了抵制美货风潮，也促使荷马·李提出从美国资本家处为中国革命筹款。他认为美国商人在排华中利益受到损害，有修复两国关系的意愿。

而作为资方代理人的银行家布斯和艾伦，驱动他们参与"红龙计划"的不是革命理想和激情，而是经济利益。但其利益不在于挽回排华运动造成的经济损失。

艾伦研究过 1903—1907 年美国的外贸数据，得出结论：由于美国排华，引发的中国抵制美货运动，对美国的粮食、棉花、红铜、包装业务和

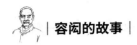

石油等制造业的出口影响不大。

不过，"红龙计划"经由从事海外颠覆运动的行家评估后，得到了积极肯定。可以说，布斯等人将中国革命当成高回报的海外风险投资事业，从而诱导美国资本家进行投资牟利。

以上种种，使得"红龙计划"本身便带有殖民主义和美式帝国主义色彩，是通过革命向美国资本家让渡中国利益的计划。容闳在后期看到其中可能引发的严重后果，才退出了计划。

在为"红龙计划"物色可以实现中国革命的领袖人物时，容闳考虑了包括保皇党、革命党在内的众多人物。1909年1月4日，他得知袁世凯遭到清廷罢免的消息以后，认为可以将其争取到计划当中。当时，首批留美幼童唐绍仪是袁世凯的密友、追随者，奉袁世凯之命出访华盛顿。容闳有意与唐绍仪会谈，以了解袁世凯的实际情况。但是唐绍仪到哈特福德后刻意回避容闳，两人未能相见。

1909年1月12日，容闳派遣次子容觐槐拜访艾伦，向其提交了中国革命《建议备忘录》，并在致布斯的信中详细表明了对中国形势的看法。要点有二：一是中国应建立类似巴拿马的共和政府，美方革命贷款及利息可以用广州港海关税来偿还，并给予美国资本家在革命政府控制地域内一定年限的独占性开办银行、铁路和采矿的特许权；二是他们应从联络康有为和保皇会转向寻求与袁世凯和北洋集团合作。

1月18日，容闳和次子容觐槐到纽约莫雷山宾馆与艾伦会晤。容闳交给艾伦他准备联络的中国政要和会党组织清单，并评价了可能争取的合作对象，包括袁世凯、康有为和孙中山。容闳认为康有为是"一个不切实际的理论家、狂想者和纸上谈兵的改革者""内心并不在乎中国的变革，他更在意政治权力、影响力和财富",认为其自私自利、不择手段,不应与之合作。袁世凯是诚实能干的改革者和睿智的政治家,对北洋新军有绝对控制力。其罢黜使清朝政局不稳,应设法拉他加入反清事业。

事实上,容闳对于袁世凯并不了解,将其拉拢到"红龙计划"当中,是出于两方面考虑:一方面是因为袁世凯被清廷罢免,对清廷怀有怨恨,可成为联合的对象;另一方面是康有为与袁世凯是死敌,拉拢袁世凯也是为了断绝与康有为合作的可能。

1908 年 11 月 15 日,光绪皇帝和慈禧太后先后离世,身在美国的康有为向美国政府状告袁世凯毒死光绪帝,并致函北京,以毒杀先帝的罪名,让人刺杀袁世凯。这一荒谬的指控以及康有为挪用公款的举动,让其失去保皇党的支持,大批保皇党成员转而投向致公堂。

最后一名人选是孙中山。容闳认为他是三人中最可靠的反清革命合作对象,也是反清革命力量的象征。

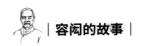

# 3
# 筹款失败

　　确定了合作对象以后，容闳和艾伦双方就反清革命所需资金进行估算，得出结果为900万美元，所以将这一数目作为筹款目标。会谈后，艾伦在容闳《建议备忘录》的基础上拟写了《筹款计划》。容觐槐也交给艾伦一份《财团回报方案》。双方就美方革命投资回报事宜交换了意见，但发生分歧。

　　艾伦的方案中要求组建"联合财团"进行筹款。其中海外负责筹集九分之五资金，其余资金由中国各会党组成的财团进行筹集。对于资本报偿方案，他建议把中国预算年度内的一切收入作为偿还900万美元风险投资的保障，并定下10%的年利率。此外，联合财团要求拥有在中国领土上的铁路、开矿、银行和铸币特许权，利润按照成员资本入股额度进行直接比例分配。

　　艾伦还特别强调，海外财团具有对革命事业的全部控制权。只有中方向海外财团购买股份并充分保障其权利和利息后，才会解除控制权。中方"不得与任何他人、财团、公司或国家缔结誓约或协议"。

　　1月28日，容闳父子和艾伦再次进行深度磋商。见面前夕，艾伦草拟了《筹款计划》（1号修订案），进一步明确和细化了"联合财团"的回报方案。他企图让美国财团垄断新中国的铁路建设和经营权39年、中央发行银行和各省会及口岸分行建设运营权数年、特许铸币权和经营权25年，以及一定年限的对中国数省的煤矿、贵金属和半贵金属的采矿特许权。

容闳并不认同艾伦的主张，他要求必须对占领区的保障、控制和管理等问题制定预案，防止革命造成破坏。

"艾伦先生，单凭美国财团难以保障局势的稳定。我们需要制定好预案。"

"你有什么打算？"

"应该让中国反清会党来主导管理的工作。"容闳同时提出，在开展中国革命时，可以将美国资本导向对华实业投资，一来可以成为革命活动的掩护，二来可以为革命提供资金。

具体方式有二：首先，利用振华公司聘请其长子容觐彤担任广西银矿采矿总监的机会，组织一个包括容闳、荷马·李、艾伦和容觐槐在内的考察团，以采矿调查为由到广东和广西联络反清势力，并在中国各地进行为期3个月的周游考察；其次，购买美国的"苎麻转丝"技术，在广州和上海办厂，生产"高仿丝"和"混合丝"谋取暴利，同时为反清事业提供资金。容闳希望艾伦和布斯为他筹集10万美元来开展这两项业务，但艾伦对容闳提出苎麻转丝技术和广西银矿的建议进行过调查，认为投资实业补充革命资金的提议不靠谱，并且怀疑容闳的能力与影响力。

与此同时，艾伦的方案也让容闳不满，严重影响了他参与的积极性。1909年2月，他向艾伦提交了自己对三次会晤及《筹款计划》（1号修订案）的文字意见，并命名为"中国之所需"，原文如下。

## 中国之所需

君主立宪制乃适于中国之政体，基于以下两大原因：

其一

自国家诞生时起，中国之国民精神即在帝制氛围中成长与养育，以致专制思想结晶为民族精神之内在组成部分。故忠君观念与作为统治力量之专制政治现实密切相连。东方种族浸润于此种观念非因其为东方人，而因其属于兴盛的专制政治下之世界最古老国度。因此，对于在创立新的王朝和建立新的政治组织的过程中，为了统一和团结而形成的政治凝聚力量所赋有的来自传承的固有主张，应当予以承认而不能忽视。

其二

自16世纪大变革以来，君主立宪制恰为两种政治力量争夺权力之成果即民主制与独裁制之大斗争。经过近4个世纪残酷血腥的斗争后，君主立宪制可被视为双方达成的某种政治妥协，即两大力量得以喘息之停战与等待。

在美国，民主制可被视为已然成就之事实。两大力量的对抗曾在此地再现并在19世纪以独裁制度的彻底失败和消亡而告结束。遵循不成文法之英国政府正是该国斗争之产物，经历4个世纪尝试后，向人类证明东方国家也许可以安全地遵循君主立宪制。美国的民主制乃稀少的现象，尚未渡过实验阶段，不能成为其他国家效仿的可靠政治先例，除非这些国家做好充分准备且有良好的条件。

至于中国，尽管在物质条件方面与美国有相同之处，如国土面积、自然资源、人力资源和民众活力等，但其人民缺乏现代科学教育，缺乏真正宗教，而真正的西方国家都是以基督教为信仰的。除其他因素外，此两大根本要素令西方与东方两种文明如当前显示的那样判然有别。中国如欲建立共和政制，则必须拥有与西方相同之要素，告别既往世代之陈规陋习以消除各方面缺陷，以在缔造新的民族命运的斗争中摆脱束缚。

容闳在文中提出，君主立宪制乃适于中国之政体。一是美国的民主制属于稀少现象，尚未渡过实验阶段，不能成为其他国家效仿的可靠先例。而君主立宪制经过英国政府的试验后，可以作为东方国家能遵循的制度。二是中国人民尚且缺乏现代科学教育，也没有类似于美国的宗教——基督教，中国如果需要建立共和政制，必须拥有与西方相同的要素。

1909 年 12 月 22 日，容闳告诉布斯，孙中山已经抵达纽约，可以安排艾伦与孙中山见面。孙中山在次年 2 月致函容闳，告知达成的协议共四项：一是向美国银行借贷 150 万—200 万美元，作为活动基金；二是成立一临时政府，任用有能力人士，以管理光复省区城市；三是任用一个有能力之人统率军队；四是组织训练海军。

容闳本想退居幕后，可担心贷款协议过度损害中国利益，因此在 1910 年 3 月再度致信布斯，提出自己的贷款方案：向美国借贷总额为 1000 万美元，分成 5 笔，每笔 200 万美元，贷款期限 10 年期贷款，年利率为 15%；作为补偿，将任命财政辛迪加的成员担任海关专员，征收占领省份的进出口关税 15 年，并可发售债券；此外，财政辛迪加还拥有在中国的苎麻贸易、云杉木浆、石油贸易和电报站业务为期 15 年的垄断权。

此后，因为布斯和艾伦从美国资本家处筹款的努力迟迟没有进展，"红龙计划"最终未能实现。而在武昌起义爆发后，美国政府和资本家们最终选择支持了掌握实权的袁世凯而非孙中山。

在参与"红龙计划"时，容闳在改良或革命、立宪或共和之间摇摆

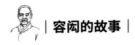 

的矛盾态度，一方面担心暴力革命会让中国陷入内战和无政府状态，造成内政外交形势的进一步恶化，但另一方面他很清楚地知道，清政府的存在将无助于中国实现独立、自强和进步，唯有将其革除才有进步和复兴的机会。

　　容闳一生都致力于推动中国的富强与进步，是具有国际视野与爱国主义精神的民族主义者。对于帝国主义者企图借革命之机掌控中国财政命脉的意图，容闳非常警惕和敏感，因此觉察到美国资本家为了垄断利益步步进逼后，便退出了"红龙计划"，选择保全国家利益。

# 4
# 迎接共和

容闳在 1909 年 11 月出版了个人自传 *My Life in China and America*（《我在中国和美国的生活》，另有译名《西学东渐记》），了结了一桩心事。但此时容闳已经年逾八旬，长年奔走加上年事已高，在 1910 年 5 月因中风而卧床不起。

所幸的是，容闳晚年见证了中华民国的诞生。1911 年 10 月 10 日，武昌起义爆发。得知武昌起义成功的消息后，卧病在床的容闳异常激动，给孙中山等革命派写了一封贺信。

12 月 29 日，容闳在写给谢缵泰的信中，称呼辛亥革命是"了不起的大革命"，同时提出"为遭受压迫和抑制将近三百年的四亿五千万中国人着想"，"建立一个共和国"。

容闳躺在床上口述信件内容，辛亥革命的胜利让他脸上露出了久违的喜悦与兴奋。他来回念叨着"共和国"几个字，自己终身所追求的富强文明中国，此时已经近在眼前。

"但是这还不够，"白发苍苍的容闳忽然想到了什么，表情变得严肃起来，"要警惕那些骑墙派！不能被君主立宪的花言巧语蒙骗了！我必须提醒他们！"

两年前，参与"红龙计划"时，容闳提出君主立宪制是最适合中国的政治体制，但时间是最好的照妖镜，容闳已经看穿了立宪派的伎俩——采

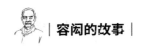 

用君主立宪制，设立枢密院，然后由袁世凯这样的人来当内阁总理——这样不过是将权力交给另一个野心家。

最终容闳完全抛弃了在中国建立君主立宪制的想法，他号召革命党人要彻底推翻清朝统治，建立完整的共和制度。

在信中容闳特别强调："不管那些政治骑墙派的言辞多么漂亮，好像多么有理，也不能让他们把你们诱离自己本来追求一个共和国的坚定目标。"

另外，在信中他明确指出袁世凯是"叛徒"，"野心勃勃"，是不值得信任的大阴谋家。容闳提到袁世凯在1898年出卖维新派，背叛了光绪皇帝。同时也提到袁世凯在1909年称腿疾下野，但是一旦得以取代庆亲王成为内阁总理大臣以后，腿疾立刻康复并且掌握了朝廷大权。这些反复无常玩弄政治的手段，使容闳指责"袁"这一姓氏应当从民族的姓氏族谱中删除，永远受到子孙后代的诅咒。

三天后他又在写给谢缵泰的信中，再次强调不要被袁世凯和唐绍仪控制新政府，不要让制宪会议通过君主立宪制。

对于新政府，容闳认为新中国应该由中国人管理，避免袁世凯等骑墙派和卖国贼掌管国家政权。"因为他们让欧洲掠夺者干预我国的内政"。可见容闳对此事的警惕。

此外，容闳叮嘱道，革命党人在推翻清政府以后，应当紧紧团结起来，避免陷入内部争执和内战的深渊。在信中容闳提及中国内部的动乱和自相残杀必定会引来外国干涉，列强仍然会乘机瓜分中国。然而，容闳所担忧的事情，在未来都不幸成真。

在12月29日写给谢缵泰的信中，他恭贺孙中山当选临时大总统，托谢缵泰"在南京参加就职典礼的时候"，假如见到孙中山，"请替我向他致以衷心的祝贺"。那时候容闳满心欢喜，期待着身体好转后再度回国，目睹这个期盼已久的新的祖国。

1912 年 1 月 2 日，在写给孙中山的信件中，容闳提及建立共和国，军队是掌握政权的关键。他认为荷马·李是最合适的军队统帅人选。对于内阁成员和各个部门首脑，可以挑选有经验的、能干的美国人担任纯咨询资格的顾问或助手。从这里可以看出，容闳已经不在单纯迷信和依靠外国顾问，思想上对于中国革命和未来有了更深刻的认识。

同一封信中，容闳还附上次子容觐槐的简历，向孙中山举荐其子。容闳称容觐槐在纽约国际金融机构有朋友和熟人，比如摩根公司以及国家城市银行等。而且其子是一名共和主义的热烈拥戴者，希望儿子能够代替自己为新生的共和国效力。

容闳对于革命的热诚和贡献，也让孙中山铭感五内。1912 年 2 月其在当选临时大总统不久，就写信邀请容闳归国。

## 孙中山邀容闳归国函

容闳老先生伟鉴：

丁此革命垂成，战争将终，及仆生平所抱之目的将达之际，遽闻太平洋对岸有老同志大发欢悦之声，斯诚令人闻之起舞。然揆先生其所以羁留至此之源，想亦因谋覆满清之专制而建伟大之事业，以还吾人自由平等之幸福，致有此逃亡异域。同病相怜，非仅为先生已也即仆等亦尝饱受此苦。乃今差幸天心眷汉，胡运将终，汉族之锦绣河山，得重见于光天化日之下，仆何幸如之。虽然，吾人蜷伏于专制政体之下，迄兹已二百六十余年，而教育之颓败，人民之蒙蔽，恐一旦

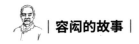

闻此自由平等之说，得毋惊愕咋舌耶！以是之故，况当此破坏后，民国建设，在在需才。素仰盛名，播震寰宇，加以才智学识，达练过人，用敢备极欢迎，恳请先生归国，而在此中华民国创立一完全之政府，以巩固我幼稚之共和。倘俯允所请，则他日吾人得安享自由平等之幸福，悉自先生所赐矣。先生久离乡井，祖国萦怀，量亦不致掉头而我弃也。临风濡颖，不胜鹄盼之至。谨此，并请道安。

弟孙逸仙上言

信中称希望容闳回国为新生的中华民国政府助力，"以巩固我幼稚之共和"，使"吾人得安享自由平等之幸福"。

可惜孙中山的"鹄盼"没有实现。容闳自知重病难返，弥留之际，只能特别叮嘱长子容觐彤要回国服务。

容觐彤是耶鲁大学学士、哥伦比亚大学硕士，曾在 1909 年时回到中国参与广西银矿的勘探开采工作，后来返回美国，并已有称心如意的工作。但父亲临终前的苦劝让他选择再次回到中国，为南京临时政府效力，做出了显著贡献。

1912 年 4 月 21 日，容闳病情加重，在哈特福德市的寓所内逝世，享年 84 岁。噩耗传来，中外人士皆感悲痛。《哈特福德日报》和《纽约时报》等美国报刊报道了容闳去世的消息，纪念这位在中美交流历史上留下印记的人物。

4 月 23 日，推切尔牧师在哈特福德避难山教堂举办了追思仪式，并主持了好朋友的葬礼。

避难山教堂见证了容闳的婚礼，也成为亲人朋友与容闳告别的地方。推切尔牧师难以抑制心中的悲痛，在丧礼上满脸泪水，断断续续地念着悼词："假如他还没有老，他一定会亲自参加革命，他的与生俱来的、热爱效忠中国的光焰，绚丽燃烧，直到他生命的尽头。"

最后，容闳与妻子玛丽·凯洛格合葬于西带山公墓。

容闳的一生，经历了鸦片战争、太平天国运动、洋务运动、甲午战争、戊戌维新和辛亥革命，可以说是中国近代大事的重要见证人。他的一生风云变幻，尽管屡受挫折，但他对祖国的赤诚忠心却未曾改变。用推切尔牧师的话来说："容闳从头到脚每一根神经都是爱国的。"这点从未改变。

第十二章

**百世垂范**

# 1

# 赤子之心

容闳的自传 *My Life in China and America*（《我在中国和美国的生活》）在 1909 年出版，全书用英文写成，约 10 万字。

1915 年 12 月，自传中译本出版，书名被翻译为《西学东渐记》。就容闳经历西风洗礼、终身图强救国的经历而言，是非常恰当的。自传的时间始于 1828 年，下迄 1901 年，经历了鸦片战争到戊戌变法等中国近代史上的重大事件。

随着时代发展，容闳的政治理念发生了多次改变，唯一没有改变的，是他从耶鲁大学毕业以来，所立下的教育救国、"使中国日趋于文明富强之境"的理想，终其一生，历尽艰辛险阻却未曾后悔。

作为第一个毕业于美国名牌大学的中国人，容闳从当时新崛起的美国学成回国，他的知识、思想和理想抱负完全不同于传统知识分子。他经商、从政，从寄望于太平天国，再投身于洋务派、维新派、革命派等不同政治势力，一路转变，可以看出容闳超脱于政治派别，纯粹是出于爱国精神行事。

但其个人势单力薄，不得不借助于各派政治力量，也受到时代的局限。他早期迷信西方尤其是美国，将希望寄托于外国的支援，甚至有过将台湾作为抵押物向外国银行借款的想法。但是在晚年他能够认清现实，从而坚定地走向在推翻清朝统治，建立独立、民主的中国的革命道路。

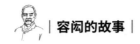 

容闳策划、组织的留学教育，在中国教育历史上有着极其重要的地位与意义。他主持了近代中国第一代官费留美学生派遣计划，为中国近代的科技、商业、外交、军事等方面培养了宝贵人才。

同时，他为中国此后的留学事业积累了经验。1909 年开始的庚款留美项目，由当年第四批留美幼童、后任洋务大臣的梁诚倡议，负责统筹留美事务的是第二批留美幼童、清华大学首任校长唐国安。当第一批庚款留学生在 1911 年赴美，在旧金山登陆后，他们所走的路线和近 40 年前留美幼童的完全一致。而当他们乘坐火车横穿美国，在斯普林菲尔德市迎候他们的，仍然是当年的幼童、在中国驻美使馆工作的容揆。

此后，在奔赴海外留学的中国人当中，既有前往英、法等欧洲国家学习海军驾驶和制造专业技术的军政人才，为组建北洋水师立下汗马功劳；也有前往日本学习政治、法律的专业精英，在晚清新政与辛亥革命中发挥了重要力量。而 1920 年前后前往法国勤工俭学的留学生当中，更是涌现了周恩来、陈毅、邓小平、陈延年、陈乔年、蔡和森等一大批无产阶级革命家，为马克思主义在中国的传播，以及无产阶级政党的建立奠定了基础。

容闳的留学教育，同样推动了中美两国文化交流，促进中美两国人民的友谊，两国人民也从未忘记他。

1972 年，在容闳率领首批中国幼童赴美留学 100 周年之际，容闳墓前立起纪念碑。碑文写道：

先生字纯甫，德才朗识为我国学生留学美国之第一人。归国后，力主遣幼童留学国外，当轴者纳其言。一八七二年乃遴选学生三十三①人，由先生携以赴美，遂开我国派遣留学生之先河。而中美文化交流，亦以此为嚆矢也。自先生初次携学生赴美，至今适届一百周年。寻声考迹，想高踔于当年；振铎扬芬，播景行于终古。维兹俊哲，实系人思。爰泐碑文，借申虔慕。

1998 年，在容闳诞辰 170 周年的时候，美国康涅狄格州政府宣布将每年的 9 月 22 日，即当年第一批中国幼童在美入学的日子，定为"容闳及中国留美幼童纪念日"。1999 年，美国耶鲁大学在对外公开的名人展厅里，悬挂了容闳的画像，以纪念这个第一位从耶鲁大学毕业的中国人，更是为了纪念他在中美文化交流中做出的贡献。此外，在纽约唐人街也有一所公立小学"容闳小学"，亦是为了纪念容闳而命名的。

此外，容闳建立的甄贤社学，是我国最早的侨校之一。1871 年，容闳在故乡倡议建立学校，并带头捐资。该所学校被命名为"甄贤社学"，予以选拔培养人才。甄贤学校的建立，也带动起周边地区重视教育的风气，各乡逐步兴建小学。

1902 年容闳返乡时，发现甄贤社学按照传统私塾的形式办学，建议改为新式学堂，以培养适应新时代的人才。他原本计划再创办一所中学，让乡邻子弟继续学业，后因周边村镇反对未果。1906 年，甄贤社学更名为"甄贤学校"，后更名南屏小学、南屏中心小学。其旧址现为广东省文物保护单位，搬迁至新校址的学校，在 2002 年恢复名字"甄贤小学"，至今仍然在办学，这也是纪念容闳的最好方式。

纵观容闳一生，"教育"与"爱国"是他终身未变之底色。无论是采

---

① 此处应是指 1872 年第一批赴美幼童 30 人，为原作者错误。

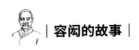 

办机械、军火，翻译法律文书、创办报纸，还是主持幼童留美计划，他前行的每一步，都是为了维护国家和民族权益。对内，他提出禁烟方案，倡议兴办银行、修建铁路；对外，调查秘鲁华工情况，抗议美国排华法案；甚至在生命最后的岁月里，毅然投身推翻清政府的民主革命当中。梁启超称他"舍忧国之外，无它思想，无它事业"，孙中山也称赞容闳"才智学识达过人，虽久别乡井却祖国萦怀"。

容闳晚年，终于迎来武昌起义胜利、中华民国成立的好消息。他热切地想要回到新生的祖国，去看看这个刚成立的共和国。可惜当时他已经重病卧床，风烛残年，无法成行。在弥留之际，容闳仍然牵挂着远方的祖国，要求两个儿子，容觐彤和容觐槐，都回中国去为新生政府效力，将自己未竟之业，交到了下一代手上。

当时，长子容觐彤在 1909 年到广西参与矿业勘察，后又回到美国。在共和国成立后，他在孙中山大总统府进行短期任职，此后一直在开平矿务局担任矿冶工程师，1933 年患严重肺病在北京逝世。

次子容觐槐耶鲁大学毕业后，在军械公司担任业务经理。1911 年遵照父命来到中国经销武器，受到孙中山和黄兴的热烈欢迎。他支援孙中山武装斗争，曾任广东革命政府军火制造局总理兼总工程师、陆军少将衔。在职期间，军火制造局产量和各类武器的质量也有较大的提高。

# 2
# 幼童成才

1872 年至 1875 年，清政府先后派出四批共计 120 名学生赴美留学，他们平均年龄 12 岁，因此也有了共同的名字"留美幼童"。

事实上，这批留学生，同样是"容闳博士的幼童"，是容闳一生最高的成就和杰作。这群孩子远赴重洋，以惊人的速度跨越语言障碍，成为各校成绩优异的学生。与此同时，他们迅速适应了异国的文化，脱去长袍马褂，活跃在各处运动赛场上。

这些少年成为美国大文豪马克·吐温的邻居，他们在万国博览会上见过当时世界上最先进的产品和技术，受到过美国总统格兰特的亲切接见，是美国各大高校中的骄子。即使留学计划半途中止，这批经受过欧风美雨洗礼的幼童们，也成为中国政坛上的中流砥柱，成为中国矿业、铁路和电报行业的先驱。他们当中有中国最早的一批大学的创始人和校长，也有中国最早的一批外交官，以及中华民国第一任内阁总理。昔日的幼童，今日的栋梁，他们的赤诚爱国之心，历经时间流淌，却历久弥新，光照后世。

回国的幼童中，从事行政者 24 人，其中领事代办以上者 12 人；从事教育事业者 5 人，其中清华大学校长 1 人、北洋大学校长 1 人；从事工矿、铁路、电报者 30 人；进入海军 20 人，其中海军将领 14 人。

在晚清及民国政府中，"留美幼童"因为精通洋文、熟悉洋务而获得重用。其中唐绍仪官至清末邮传部左侍郎，民国时则成为首任内阁总理。

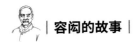 

而梁诚则成为清末外务大臣、民国时的交通总长。两人提携同学，使得大批"留美幼童"活跃在政坛上。

在 1905 年，清政府废除了科举制度，创办西式大学成为时代需求，"留美幼童"发挥了重要作用。其中，唐国安成为清华大学首任校长，蔡绍基创办了北洋大学（天津大学），周寿臣、方柏樑、梁如浩等创建了交通大学等，为中国培养了许多杰出人才。其中唐国安主导了庚款留美教育，使得容闳开创的留学教育得以赓续。庚款留美项目培养出赵元任、竺可桢、胡适等人才，为中国现代化做出了不可磨灭的贡献。

而在"留美幼童"当中，参与铁路建设、矿业冶炼及电报行业的人数众多，不少人成为优秀的工程师和杰出的技术人员。其中有主持了我国第一条自主建设铁路的工程师詹天佑。他是"留美幼童"中少数完成了大学学业的人，毕业于耶鲁大学土木工程系，先后主持修建京张、川汉、粤汉等铁路工程，被誉为"中国铁路之父"。而邝景扬、钟文耀、罗国瑞等，也参与建设或管理全国各地的铁路。此外，吴仰曾、邝荣光等被派往开平矿务局，服务于开平煤矿、热河银矿等矿业场所。后来成为开平矿务局总工程师的吴仰曾，在八国联军侵华时，组织"自卫队"击退了企图掠夺我国煤矿资源的俄国军队，维护了国家民族尊严与主权。

在幼童撤回前的两个月，有 40 名幼童被派遣学习电报技术。回国时这批学生首先启程，其中有 20 多人被分配到天津电报学堂，成为我国电报行业的先驱。

另外，在幼童当中，有 30 人被派往北洋水师学堂。在 1884 年中法马尾海战中，容尚谦等 7 人参战，其中黄季良、薛有福、杨兆南、邝咏中等 4 人壮烈牺牲。1894 年，中日甲午战争中，吴应科、徐振鹏等因表现英勇受到朝廷嘉奖；陈金揆、黄祖莲和沈寿昌则为国捐躯。他们在美国没有一人上过军事院校，却在祖国的战场上成为卫国勇士。

还有部分幼童留在美国，如第一个在美国执业的华人律师张康仁，大力谴责美国排华、救助同胞的记者李恩富等。

还有走上了革命之路的容星桥，是兴中会最早的成员之一。

这些曾一起在美国求学、生活的幼童们，在归国后目睹了近代中国的荣辱兴衰，经历了晚晴民国政坛的跌宕起伏，选择了不同的人生道路。然而，这段在近代中国探求留学报国的故事，永远不会被忘记。

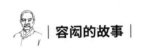 

**3**
# 中国留学生之父

2021 年 1 月，昔日古朴的南屏村，已经变成了繁华的南屏社区。原本是村口的地方，现在变成了一片开阔的广场。周围商铺林立，极具现代化气息的霓虹灯不停闪烁；游人如织，他们脸上带着轻松的笑容，如同冬日的阳光般温暖惬意。如果不是广场入口处有座华丽典雅的牌坊，谁也不会想到这里是座已有 800 多年历史的古老村落。

而在这广场中央，一座老人的铜像分外显眼。雕像周围鲜花环绕。留有短须的长者安坐在椅子上，历经沧桑的面容，正平静地注视着往来的行人，还有繁华安宁的今日南屏。

铜像基座的黑色大理石铭牌上，镌刻着"容闳先生"四个苍劲的大字，还有容闳的生平简介。其中，最引人注目的，就是"中国留学生之父"。

从广场进入南屏村，穿过南屏牌坊后便可抵达甄贤学校的旧址。学校历经风雨的建筑矗立在闹市之中，清一色的青砖瓦房简洁大方，透过砖墙仿佛看到岁月的痕迹。大门正面悬挂着"甄贤学校"的牌匾，青年容闳的雕像竖立在门口，仿佛看着学子们走进学堂。

当年学校有初等、高等两级小学，全校占地面积约 1117.6 平方米。其中右前方是礼堂，两进夹一天井，为硬山顶，穿斗抬梁混合结构。右后方为砖木结构的教室，一座隔为五间；左后方为图书室和教务室，两面相隔一条长巷。礼堂的东壁嵌有一方"容氏甄贤学校碑铭"，阐述建校宗旨及经过。尽管当年的教室仍保存完好，但已经没有了学童的朗朗书声，改为展示容闳一生赤诚报国的纪念馆。

甄贤学校现更名为甄贤小学，在新的地址继续办学。以容闳命名的珠海容闳学校，也在如火如荼地培育人才。以教育纪念教育救国的先行者，正是对容闳的最好纪念。

根据纪念馆的资料显示，甄贤学校不仅是中国最早的侨校，还曾经是南屏抗日救亡宣传队旧址。1937 年卢沟桥事变后，日本帝国主义开始全面侵华。抗战期间，南屏人民掀起抗日救亡热潮，1937 年 11 月，共产党员郑汝森和郑炳芳在甄贤学校成立了南屏抗日救亡宣传队，师生在校内举行"抗日纪念周"活动，进步师生在学校大门和教室门口还标上了"五卅门""九·一八门"等字样，表达对侵略者的愤慨，不忘国耻。宣传队以学校为基地，到北山、湾仔等乡村演出抗日救亡剧目，唤醒民众抗日救国的爱国热情。在抗日战争中，甄贤学校成为抗日先锋队的活动地点。

甄贤学校是容闳爱国精神的结晶，具有爱国和优良革命传统。容闳在甲午海战时极力寻求抗日救国之策，如果他知道日后甄贤学校成为了开展抗日救亡运动的活动场所，能为民族救亡出一份力，想必也会大为欣慰。

而容闳故居位于村中西大街三巷 1 号。当年故居所在的巷子被称为辅仁巷，是容闳留学还乡后起的名字。故居建于清代中期，包括两个前廊、天井、大厅、东西长屋和厨房，东西宽 10 米，南边长 20 米，总面积约 200 平方米。1871 年容闳返乡时，故居因为年久失修已经坍塌了部分，但是容闳没有进行修葺，而是将自己的积蓄全部捐建了甄贤社学，造福桑梓。现在故居已经基本修复，增添了关于容闳童年生活和几次回乡的事迹

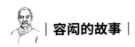 

介绍。

　　作为跨越中西、享誉中美的文化符号，容闳的精神一直延续在他故乡的城市。1998 年，珠海市人民政府就主办了颇具国际影响力的纪念容闳诞辰 170 周年"容闳与中国现代化"国际学术研讨会，2004 年又召开了纪念容闳毕业于耶鲁大学 150 周年暨"容闳与科技兴国"学术研讨会。"容闳与留美幼童研究"系列丛书，包括《中国幼童留美史》《中国留美幼童书信集》《我的中国童年》《创办出洋局及管学生历史》《容闳与中国近代化》《容闳与科教兴国——纪念容闳毕业于耶鲁 150 周年学术研讨会论文集》等六种，包括史料性资料和研究性资料。丛书的编辑出版，大大丰富了容闳和留美幼童这一领域的研究。

　　容闳与留美幼童开拓了近代中国留学的先河，架设起中美文化交流的桥梁，并造就了一批强国栋梁。在风雨如晦的时代，他们肩负起上下求索的重担，为中国的富强、文明贡献出自己的力量。

　　现在，距离容闳立志建立富强文明中国的时候，已经过去了百年有余。而今日之中国，以独立、富强、文明的面貌，屹立在世界民族之林。

　　中国人民也不会忘记容闳，这位终其一生都在探求着救国之路的爱国先行者。

# 容闳年谱

1828 年（道光八年）出生

11 月 17 日（十月十一日），出生于广东香山县南屏镇（古名沙尾村，今珠海市南屏镇）。

1829 年（道光九年）2 岁

1830 年（道光十年）3 岁

1831 年（道光十一年）4 岁

1832 年（道光十二年）5 岁

1833 年（道光十三年）6 岁

1834 年（道光十四年）7 岁

1835 年（道光十五年）8 岁

9 月间，入读温施黛夫人所办学校。

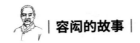 

1836 年（道光十六年）9 岁

1837 年（道光十七年）10 岁

1838 年（道光十八年）11 岁

1839 年（道光十九年）12 岁

5 月间，辍学回家，因鸦片战争爆发，温施黛夫人暂停办学。

1840 年（道光二十年）13 岁

春夏间，前往澳门天主教印刷厂工作约 4 个月。

9 月间，容父去世。

11 月间，温施黛夫人委托霍白生医生寻找容闳入马礼逊学校继续学业。

1841 年（道光二十一年）14 岁

1842 年（道光二十二年）15 岁

11 月 1 日（九月二十九日），马礼逊学校在香港继续办学。容闳赴香港复学。

1843 年（道光二十三年）16 岁

1844 年（道光二十四年）17 岁

1845 年（道光二十五年）18 岁

11 月，《中国丛报》（*The Chinese Repository*）第 14 卷第 11 号刊登了马礼逊学校的考试作品，其中包括容闳的习作《幻游纽约之上溯哈德逊河》。

1846 年（道光二十六年）19 岁

鲍留云牧师计划携带几位学生赴美接受全面的西式教育，容闳、黄胜和黄宽入选。

1847 年（道光二十七年）20 岁

容闳与黄胜、黄宽随鲍留云牧师夫妇搭乘同孚洋行的"女猎人"号商船赴美留学。

1848 年（道光二十八年）21 岁

1849 年（道光二十九年）22 岁

是年，和黄宽在孟松学校完成学业，准备考大学。

1850 年（道光三十年）23 岁

秋间，考入耶鲁大学，成为耶鲁大学创校以来的首位中国学生。

1851 年（咸丰元年）24 岁

6 月 1 日（五月初二日），向耶鲁大学基督教堂递交了入会函件。

是年，于学习之余，兼任宿舍管理员，同时又获聘为兄弟会图书室管理员。

1852 年（咸丰二年）25 岁

10 月 30 日（九月十八日），在康涅狄格州纽黑文获准加入美国籍。

是年，加入美国公理教会，两次获得英语作文竞赛一等奖。

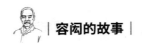 

1853 年（咸丰三年）26 岁

1854 年（咸丰四年）27 岁

是年，从耶鲁大学毕业，获得文学学士学位，成为第一个取得美国高等学校学位的中国人。

11 月 13 日（九月二十三日），从纽约乘"尤里克"号回华。

1855 年（咸丰五年）28 岁

返回中国。

4 月间，回到南屏看望家人，随后前往广州咸虾栏跟美国传教士沃曼（Daniel Vrooman）补习汉语。

是年，经美国朋友歇去克（M. N. Hitcheock）介绍，担任美国代理公使伯驾的秘书，3 个月后，辞职；后经《德臣西报》肖德瑞举荐，出任香港高等法院传译员。

1856 年（咸丰六年）29 岁

是年，在任传译员之余，跟随英国律师帕森学习法律，但是遭到香港法律界人士的反对，旋被迫辞职。

8 月间，前往上海，在上海海关担任了 4 个月的翻译。

1857 年（咸丰七年）30 岁

春间，在一间英国商行工作了 6 个月，直至公司倒闭。

年底，经上海宝顺洋行（Dent Co.）买办曾寄圃介绍，进入该行任书记员。

1858 年〔咸丰八年〕31 岁

是年，黄河洪灾，向上海绅商募集了两万银圆，并以资金募集委员会名义在上海的两份英文报刊《上海邮报》（*The Shanghai Mail*）和《中国之友》（*The Friend of China*）上刊登了感谢信。

1859 年〔咸丰九年〕32 岁

3 月 11 日（二月初七日），受宝顺洋行委派，乘坐"无锡快"，自上海前往苏州、杭州、南昌和湘潭等地，调查长江沿岸丝、茶产销情况。

9 月 30 日（九月初五日），回到上海，递交产茶区调查报告。

1860 年〔咸丰十年〕33 岁

11 月 6 日（九月二十四日），与曾兰生及杨笃信、古路吉两位传教士乘坐"无锡快"离开上海，前往南京对太平天国进行访察。

11 月 19 日（十月初七日），拜会洪仁玕。

12 月 9 日（四月二十七日），容母林氏在南屏去世。

11 月 24 日（十月十三日），容闳一行离开南京。

1861 年〔咸丰十一年〕34 岁

年初，赴太平县山口镇采购被太平军控制的茶叶。

9 月 4 日（七月三十日），介绍容闳加入宝顺洋行的买办曾寄圃意外去世，容闳被宝顺洋行辞退，旋接受美商琼记洋行（Augustine Heard & Co.）聘请，任九江分行茶叶经理。容闳任职 6 个月后辞职，开设茶行。

1862 年〔同治元年〕35 岁

5 月 30 日（五月初三日），到安庆拜会曾国藩。

1863 年〔同治二年〕36 岁

9 月间，关闭九江茶行，前往安庆曾国藩军营，曾国藩委派其赴美采

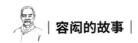

买机器。

10月间，抵达上海后，认识美国工程师哈斯金斯（John Ferguson Haskins），达成购买机器协议。

12月3日（十月二十三日），拜会曾国藩，禀报出发日期在二十六日（12月6日）。

1864年（同治三年）37岁

2月12日（正月初五），拜会广东巡抚郭嵩焘。

春间，乘船穿越红海，坐火车经开罗转道亚历山大港，换船至法国马赛，再乘火车到巴黎。一个月后乘"库拿尔德"号汽船至美国纽约。

抵达美国后，经过哈斯金斯协助，在马萨诸塞州菲奇堡（Fitchburg, Mass.）的普特南机器公司（Putnam Machine Co.）购买机器。时值美国内战，交付机器需要大半年时间，容闳在此期间参加了耶鲁大学毕业10周年聚会。

1865年（同治四年）38岁

8月间，容闳所购100台机器抵沪。

1866年（同治五年）39岁

1月19日（同治四年十二月初三日），在徐州军营拜会曾国藩。

1867年（同治六年）40岁

1月（同治五年十二月），曾国藩保奏容闳"以同知留于江苏，遇缺即补"获准。

1870年（同治九年）43岁

夏间，发生"天津教案"。容闳被丁日昌召集前往参与谈判翻译工作，但抵达时谈判已近尾声。容闳借此机会再度提出幼童留美计划。

1871 年（同治十年）44 岁

是年，到香港招生，并自出五百两白银在南屏创办甄贤学校，邀请王韬撰写《征设香山南屏乡义学序》。

1872 年（同治十一年）45 岁

2 月 17 日，致函耶鲁大学校长波特，谈及幼童留美计划。

4 月，和邝其照在香港招生。

4 月 22 日（三月十五日），詹兴洪与容闳签约，送其子詹天佑参加培训，准备留美。同日，容闳携詹天佑、邝荣光等幼童离开香港，前往上海。

7 月间，先期赴美准备首批幼童食宿和就学事宜。

9 月 22 日（八月二十日），在马萨诸塞州斯普林菲尔德迎接陈兰彬一行。

1873 年（同治十二年）46 岁

6 月 12 日（五月十八日），黄胜和容增祥携带第二批留美幼童在上海乘坐"科罗拉多"号（Colorado）出发。

8 月 12 日（闰六月二十日），与美国著名兵器公司格林公司的代表携带一批枪支样品赴华。春季，回国向李鸿章汇报第一批留美幼童事，并推荐美国新式武器格林炮。

1874 年（同治十三年）47 岁

6 月 16 日（五月初三日），与叶廷眷、唐廷枢、郑观应等香山籍旅沪同乡集资创办的《汇报》正式发行。

9 月 1 日（七月二十一日），与美国人推切尔牧师（Rev. Joseph Hopkins Twichell）、凯洛格医生（Edward Wilberforce Kellogg）等赴秘鲁调

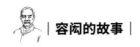

查华工受虐事，历时 3 个月。

11 月 5 日（九月二十七日），与容增祥、叶绪东等肄业局同僚在春田市迎接祁兆熙与邝其照护送来的第三批幼童。

是年，李鸿章批准了容闳在哈特福德修建肄业局大楼的计划。

**1875 年（光绪元年）48 岁**

2 月 24 日（正月十九日），与玛丽·凯洛格（Mary Louisa Kellogg）在哈特福德避难山教堂（Asylum Hill Congregational Church）举行婚礼，推切尔牧师主持，肄业局中文教习容增祥和叶绪东亦参加。

5 月 12 日（四月初八日），区谔良接任出洋肄业局总办，容闳继续担任帮办。

11 月 29 日（十一月初二日），致函李鸿章，禀报赴秘鲁查访情形。同日，陈兰彬、容闳派充出使美日秘三国钦差大臣。

12 月 12 日（十一月十五日），谕旨陈兰彬、容闳出使，按照出使英国成案办理。

是年，美国康州哈特福德的出洋肄业局大楼建成。

**1876 年（光绪二年）49 岁**

2 月 6 日，容闳参加华盛顿耶鲁大学同学会活动。

6 月 10 日（五月十九日），容闳长子容觐彤（1876. 6. 10 — 1933. 9. 11，Morrison Brown Yung）在美国康州哈特福德出生。

6 月 29 日，参加耶鲁大学毕业典礼，被授予荣誉法学博士学位。

8 月 21 日（七月初三日），肄业局邝其照、刘观成与肄业局洋员祁洛、柏立，康州教育局长讷（Prof. B. G. Northrop）等，带领 80 多名幼童一同前往费城参观美国建国百年世博会。

8月24日（七月初六日），肄业局师生宴请李圭午餐。然后返回哈特福德。

9月12日（七月二十五日），李圭拜访容闳并参观了出洋肄业局大楼。

1877年（光绪三年）50岁

3月1日（正月十七日），在哈特福德致函耶鲁大学图书馆馆长范内姆教授，捐赠中国典籍40种1237卷。

3月8日（正月二十四），出洋肄业局总办区谔良和帮办容闳禀呈北洋大臣李鸿章，呈请增加经费银四十九万二千两。

1878年（光绪四年）51岁

3月2日（正月二十九日），李鸿章致函区谔良、容闳和刘瑞芬，以及陈兰彬，谈及留美幼童撤回一事。

8月间，交卸出洋肄业局事务。

8月10日（七月十二日），陈兰彬使团34人抵达哈特福德，区谔良、容闳、容增祥等肄业局官员前往迎接至肄业局大楼。

8月25日（七月二十七日），与叶绪东前往华盛顿为使团递交国书做准备。

9月21日（八月二十五日），陈兰彬、容闳照会美国国务卿埃瓦茨（William Maxwell Evarts），约定递交国书日期。

9月28日（九月初三日），中国首任驻美使团陈兰彬、容闳、容增祥、陈善言、蔡锡勇前往美国白宫，向美国总统海斯递交国书。

1879年（光绪五年）52岁

1月13日（光绪四年十二月二十一日），与陈兰彬照会美国国务卿埃瓦茨，抗议美国同孚洋行帮秘鲁运输华工。

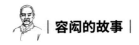

1月23日（正月初二日），次子容觐槐（Bartlett Golden Yung）在华盛顿出生。

10月10日（八月二十五日），照会美国国务卿埃瓦茨，抗议美国排华。

1880年（光绪六年）53岁

2月19日（正月初十日），照会美国国务卿，抗议美国排华。

3月9日（正月二十九日），因旧金山排华有违《蒲安臣条约》，照会美国国务卿埃瓦茨。

12月22日（十一月二十一日），在华盛顿致函马克·吐温，请其出面请美国前总统格兰特将军致函李鸿章，阻止撤回留美幼童。

1881年（光绪七年）54岁

5月16日（四月十九日），李鸿章致电陈兰彬，请其转告容闳和吴嘉善，选幼童学电报，两月后回华。

6月初（五月初），容闳前往哈特福德，挑选40名幼童至西联公司（Western Union Company）学习电报。

6月8日（五月十二日），总理衙门上奏"出洋肄业局务渐弛，请旨调回等因一折"，奏请撤回留美幼童。本日奉旨："依议，钦此。"同日，容闳和陈兰彬收到檀香山驻美公使来函，谈及陈国芬任驻檀香山领事之事。

6月24日（五月二十八日），郑藻如接任驻美公使，陈兰彬和容闳卸任。

1882年（光绪八年）55岁

2月初，乘火车自哈特福德前往旧金山搭船回国。

春夏，在京居住3个月，呈递"鸦片条陈"。

夏间，回到上海居住4个月，收到妻子病危函。

11月间，乘船返美。

1883年（光绪九年）56岁

1月间，从上海乘船返回美国。

夏间，陪妻子到诺福克（Norfolk）休养。

冬间，陪妻子到乔治亚州亚特兰大（Atlanta）休养。

1884年（光绪十年）57岁

夏间，陪妻子到纽约州亚特兰德（Adirondacks）继续休养。

1885年（光绪十一年）58岁

7月14日（六月初三日），拜访新任驻美公使张荫桓。

冬间，陪妻子到新泽西州萨姆维尔（Summerville）休养，两个月后，又迁回亚特兰德。

1886年（光绪十二年）59岁

5月29日（四月二十六日），妻子去世，年仅35岁，葬于哈特福德城西带山家族墓地。

9月8日（八月十一日），与美国人墨兜颖拜会张荫桓，讨论创设国家银行事宜。

10月20日（九月二十三日），在美国康州纽黑文举办的美国传教协会第四十届年会上发表演说，谈到美国排华。

1887年（光绪十三年）60岁

1888年（光绪十四年）61岁

8月17日（七月初十日），张荫桓收到总理衙门公函，谈及天津设立

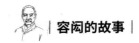

博文书院，请容闳任教。

　　1889 年（光绪十五年）62 岁

　　1890 年（光绪十六年）63 岁

　　3 月 7 日（二月十七日），崔国因收到容闳的英文咨文，告知出售肄业局大楼款美银一万余元，扣除各项费用，余 8541.36 元。

　　3 月 9 日（二月十九日），崔国因照会容闳，查询出售肄业局大楼的一万余元。

　　1891 年（光绪十七年）64 岁

　　1892 年（光绪十八年）65 岁

　　6 月 24 日（六月初一日），长兄容光杰去世。

　　7 月 5 日（六月十二日），长嫂张氏去世。

　　12 月 19 日（十一月初一日），致函匹茨堡（Pittsburg）唐却斯牧师（Rev. E. R. Donchos）抗议排华法案，提及将倡议旅美华人组织抗议活动，并谈及如果美国排华，中国将废除与美国的条约，并可能排斥在华美国商人和传教士作为报复。

　　1892 年（光绪十九年）66 岁

　　1894 年（光绪二十年）67 岁

　　5 月 23 日（四月十九日），前往麻省斯普林菲尔德城（Springfield）参加容揆的婚礼。

　　1895 年（光绪二十一年）68 岁

7月中旬（闰五月底），赴南京，两江总督张之洞委任其为江南交涉委员。

1896年（光绪二十二年）69岁

春间，向户部尚书翁同龢递交银行条陈和铁路条陈，又向张通典举荐在开平矿务局任职的邝荣光到湖南主持矿务。

3月25日（二月十二日），将所译银行章程，分别禀呈总理衙门、户部和军机处。

3月27日（二月十四日），向户部尚书翁同龢禀请创设银行，禀文附《请仿泰西设立银行条陈》，条陈包括《银行总纲四条》《总行章程十二条》《分行章程二十四条》。

是年，暂居上海虹口同文书局，在黄开甲协助下，翻译美国国家银行法。

是年，《中西日报》载《议设银行》，提及现在创办银行，容闳曾出力。

1897年（光绪二十三年）70岁

1898年（光绪二十四年）71岁

1月17日（光绪二十三年十二月二十五日），晚间，翁同龢拜访容闳，谈及津镇铁路计划。

1月18日（光绪二十三年十二月二十六日），向总理衙门递交《兴筑津镇铁路条陈》，其中包含《拟办津镇铁路章程》22条。

4月12日（三月二十二日），参加了在广东会馆召开的保国会第一次会议。

9 月底（八月初），在戊戌变法失败后回到上海租界。

1899 年（光绪二十五年）72 岁

4 月 10 日（三月初一日），康有为、容闳一行抵达温哥华。

1900 年（光绪二十六年）73 岁

7 月 26 日（七月初一日），中国国会在上海愚园宣告成立，容闳从香港前来参会，以 42 票当选议长，并拟定英文版宣言。严复为副议长，唐才常为总干事。议员有章太炎、文廷士、马相伯、毕永年等人 52 人。

7 月 29 日（七月初四日），中国国会召开第二次会议，到会 60 余人，决定由容闳拟定英文对外宣言，严复将其翻译成中文。容闳任命唐才常为会计，叶瀚等负责书记，郑观应、唐才常、汪康年等为干事。

8 月 22 日（七月二十八日），唐才常等 30 人被捕的消息传至上海，与来访的井上雅二磋商应对措施。

8 月 23 日（七月二十九日），唐才常等 20 余人被张之洞处死。中国国会 315 名成员被通缉。容星桥化妆成苦力逃回上海，与容闳相见。

8 月 26 日（八月初二日），井上雅二分析唐才常自立军失败原因，提及容闳不知道唐才常起义事，此事完全由康有为导演的，容因此与康关系变坏；容闳和容星桥在起义失败后幸运逃生。

9 月 1 日（八月初八日），容闳化名"秦西"和容星桥等在上海乘坐"神户丸"号赴日，与化名"中山樵"的孙中山在船上相遇。

11 月间（九月至十月间），清政府通缉容闳等人。

1901 年（光绪二十七年）74 岁

春间，到台湾游历。

是年，容闳向美国驻总领事，以美国公民的资格申请赴美定居。容闳长子容觐彤从哥伦比亚大学毕业，获机械工程学硕士学位。

1902 年（光绪二十八年）75 岁

1 月 11 日（光绪二十七年十二月初二日），回到南屏沙尾，住在容尚勤之子家中。

4 月，刘成禺前往香港皇后饭店拜会容闳。容闳谈及正在撰写回忆录《在中国十年》（*Ten Years in China*）。

8 月初，两次致函梁启超，邀请赴美考察。

1903 年（光绪二十九年）76 岁

4 月间，梁启超前往哈特福德拜访容闳。容闳出席梁启超的演讲会，并引荐在美的留美幼童。

5 月 8 日（四月十二日），陪同梁启超参观哈佛大学。

1904 年（光绪三十年）77 岁

7 月间，因病住院。

11 月 12 日（十月初六日），康有为之女康同璧赴美留学，住在容闳家中长达半年。

1905 年（光绪三十一年）78 岁

7—8 月间，康有为自纽约乘车赴哈特福德拜访容闳。

1908 年（光绪三十四年）81 岁

7 月 14 日（六月十六日），在美国康涅狄格州哈特福德沙坚街（Sargent Street）310 号致函谢瓒泰，建议维新党联合起来，并谴责康有为及其保皇会。

10 月 10 日（九月十六日），和容觐槐与美国人布斯、艾伦（W. W. Allen）在哈特福德容闳家中商议"红龙—中国"计划。

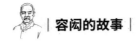 

11 月间，致函孙中山，邀请其赴美商讨中国红龙计划。

1909 年（宣统元年）82 岁

容闳和康有为及其保皇会决裂。

11 月间，回忆录 *My Life in China and America* 由美国纽约 Henry Holt & Company 出版。

1910 年（宣统二年）83 岁

2 月 16 日（正月初七日），致函孙中山，商讨中国红龙计划，提出四条建议：向美国银行贷款 150 万至 200 万美元作为起义经费；任用精明能干、熟悉军事的人才统帅军队；组织训练海军；成立临时政府，推举贤能，接管起义后夺取的城市。

5 月间，中风。

1911 年（宣统三年）84 岁

12 月 29 日（十一月初十日），孙中山当选临时大总统。

1912 年（民国元年）85 岁

1 月 2 日（十一月十四日），致函孙中山，并附容觐槐函。同日，孙中山致函容闳，邀请其回国。

3 月 23 日（二月初五日），致函某友人，提及编纂一部"中华民国"宪法。

4 月 21 日（三月初五日），上午 11 时 30 分，在哈特福德沙坚街 284 号家中去世。

# 参考文献

图书：

[1] 徐凤石、恽铁樵原译，张叔方补译．容闳回忆录：我在中国和美国的生活 [M]．东方出版社，2012.

[2] 王志通、左滕慧子译注．耶鲁中国人容闳自传 [M]．江苏凤凰文艺出版社，2018.

[3] 李喜所．容闳——中国留学生之父 [M]．河北教育出版社，1990.

[4] 吴文莱、高德民、梁振兴．容闳与中国近代化 [M]．珠海出版社，1999.

[5] 石霓．观念与悲剧——晚晴留美幼童命运剖析 [M]．上海人民出版社，2000.

[6] 黄晓东、刘中国．容闳传 [M]．珠海出版社，2003.

[7] 钱钢、胡劲草．留美幼童——中国最早的官派留学生 [M]．文汇出版社，2004.

[8] 珠海容闳与留美幼童研究会主编．共同的容闳——纪念容闳毕业于美国耶鲁大学 150 周年 [M]．珠海出版社，2006.

[9] 珠海容闳与留美幼童研究会主编．容闳与科教兴国——纪念容闳毕业于于耶鲁大学 150 周年论文集 [M]．珠海出版社，2006.

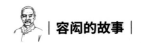

[10] 珠海容闳与留美幼童研究会主编 . 容闳与中国近代化 [M]. 珠海出版社，2006.

[11] 容尚谦 . 创办出洋局及官学生历史 [M]. 珠海出版社，2006.

[12] 高宗鲁译注 . 中国留美幼童书信集 [M]. 珠海出版社，2006.

[13] [ 美 ] 勒法吉著，高宗鲁译注 . 中国幼童留美史 [M]. 珠海出版社，2006.

[14] 珠海容闳与留美幼童研究会主编 . 共同的容闳（二）——媒体刊载容闳与留美幼童文章 [M]. 珠海出版社，2008.

[15] 珠海市文化广电新闻出版局、珠海市博物馆编 . 影像里的容闳和留美幼童 [M]. 珠海出版社，2008.

[16] 陈汉才 . 容闳评传 [M]. 广东高等教育出版社，2008.

[17] 梁碧莹 . 陈兰彬与晚清外交 [M]. 广东人民出版社，2011.

[18] 曾国藩 . 书信四 [M]. 曾国藩全集（第 25 册）. 长沙：岳麓书社，2012.

[19] [ 美 ] 李恩富著，刘畅译 . 我在中国的童年 [M]. 福建教育出版社，2013.

[20] 吴义雄、恽文捷编译 . 美国所藏容闳文献初编 [M]. 社会科学文献出版社，2015.

[21] 谢小灵 . 珠海的容闳 [M]. 暨南大学出版社，2019.

[22] [ 以 ] 利尔·莱博维茨，[ 美 ] 马修·米勒，李志毓译 . 幸运儿——晚清留美幼童的故事 [M]. 文化发展出版社，2020.

[23] 宾睦新编著 . 中国留学生之父：容闳作品选读 [M]. 广州出版社，2020.

[24] 吴义雄、恽文捷、刘念业编译．美国所藏容闳文献合编 [M].社会科学文献出版社，2021.

[25]《申报》影印本 [M].上海书店，1983.

[26] 中国社会科学院近代史研究所民国史研究室、广东省社会科学院历史研究室、中山大学历史系孙中山研究室合编．孙中山全集 [M].中华书局，1982.

[27] 顾廷龙、戴逸编．李鸿章全集 [M].安徽教育出版社，2008.

[28] 蒋星德编．《曾国藩全集》（第 9 册）[M]，长沙：岳麓书社，2011.

[29] 曾国藩．书信四 [M].曾国藩全集（第 25 册）.长沙：岳麓书社，2012.

[30] 黄培芳．《香山县志》第二十二卷"记事"，光绪年间．

论文：

[1] 李子吟．教育经历对容闳的文化认同建构及教育改革实践之影响 [J].兰台世界，2019.

[2] 袁鸿林．容闳述论 [J].近代史研究，1983.

[3] 宾睦新．容闳访察太平天国史事考 [J].珠海潮，2019.

[4] 宾睦新．容闳中文诗歌与自号考辨 [J].珠海潮，2018.

[5] 章开沅．西学东渐与东学西渐——耶鲁馆藏容闳档案简介 [J].浙江社会科学，1999.

[6] 陈经兴．容闳与近代中西文化交流 [D].华中师范大学，2011.

[7] 张慕洋，赵巍巍．通过《西学东渐记》解读容闳的爱国思想 [J].兰台世界，2014.

[8] 刘晓琴．容闳与耶鲁大学再研究 [J].广东社会科学，2019.

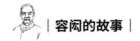

[9] 周振鹤.同时代的人对容闳的看法——析张文虎赠容闳诗二首 [J].浙江社会科学，1999.

[10] 张鑫洁，安歌.《西学东渐记》疑误辨析 [J].鲁东大学学报（哲学社会科学版），2020.

[11] 吴义雄.未刊文献中所见之容闳 [J].广东社会科学，2014.

[12] 吴义雄.鲍留云与《致富新书》[J].中山大学学报（社会科学版），2011.

[13] 高文芳.容闳与晚清中西文化的交流 [J].兰台世界，2013.

[14] 彭干梓，夏金星.容闳职业教育思想研究 [J].职业技术教育，2010.

[15] 周炽成.最早的"香蕉人"：留学先驱容闳新论 [J].学术研究，2011.

[16] 罗华文.容闳的人生价值观探析 [J].湖北社会科学，2009.

[17] 李喜所.容闳晚年的新探索 [J].吉首大学学报（社会科学版），2006.

[18] 恽文捷.共和、风投、霸权——清末北美"红龙—中国"反清革命档案史料新解 [J].广东社会科学，2021.

[19] 潘向明.留美幼童撤回原因考略 [J].清史研究，2007.

[20] 林嘉葵.辛亥革命爆发后容闳给谢缵泰的信 [J]，第 7 辑，1988，第 27 页

[21] 宾睦新.容闳年谱简编 [J].珠海潮，2018.

[22] 宾睦新.出洋肄业局第三任总办容增祥研究 [J].五邑大学学报（社会科学版），2019.

[23] 井振武.幼童留学与容闳天津之行 [J].天津政协，2010.

[24] 马勇 . 袁世凯罢官归隐说 [J]. 史学集刊，2011.

[25] 汤志钧 . 自立军起义的一份原始材料——丘菽园国家藏康有为等信件评析 [J]. 中华文史论丛，2012.

[26] 黄晓东 . 论容闳的科教思想及实践 [J]. 苏州大学学报（哲学社会科学版），2009.

[27] 石霓 . 容闳请辞驻洋肄业局务考析 [J]. 历史档案，2009.

[28] 高红成 . 吴嘉善与洋务教育革新 [J]. 中国科技史杂志，2007.

[29] 黎海波 . 秘鲁华工案与晚清领事保护 [N]. 光明日报，2011.

# 后　记

　　第一次听说容闳的名字，是在中央电视台的纪录片《幼童》中，1872年到1875年间，清政府先后派出四批，共一百二十名学生赴美国留学，这群身穿缎袍、拖着长辫子的幼童，是中国历史上最早的官派留学生，在这群幼童中，日后诞生了多位推动近代中国发展的变革先驱、栋梁之材，而这群幼童的留学命运都与一个人息息相关——容闳。屏幕上出现一张照片，容闳身穿西式服装，目视前方，眼神坚毅，他的一生就如当年他在耶鲁大学毕业纪念册上的留言："大人者，不失其赤子之心。"对祖国的深情厚谊始终是容闳的人生底色。

　　2021年1月，中国华侨出版社向我们约稿，基于对容闳的敬佩之情，我们选定他作为主角，然后马上着手进行资料搜集，开展实地调查。笔者走进容闳的故乡——珠海南屏村，探访了容闳的故居、甄贤学校旧址、容闳博物馆等地，尽管经过时间的洗礼，许多地方已经旧貌不再，但一砖一瓦、一草一木，犹如穿越漫长的岁月，依然诉说着百年前容闳的故事。在容闳的一生中，居住在家乡的时间总体来说十分短暂，即使身处国内，他也是为实现心中抱负而游走各地，奔波不止，回乡的机会少之又少，但乡愁始终是容闳心中的一轮明月。在美国求学期间，他思念家乡的母亲、兄姐，回国后更是持续关注家乡的发展，不遗余力造福乡亲，这种厚植心中的家国情怀，正是容闳树立"以西方之学术，灌输于中国，使中国日趋于文明富强之境"远大理想的牢固根基。

从确定选题到完成书稿，我们不断探索容闳的教育强国之路，深入了解容闳的心路历程，这段经历对我们来说也是一份难得的心灵滋养。电视剧《觉醒年代》中有一句台词："生逢乱世，即使命运如蝼蚁，但仍有人心向光明。"纵观容闳的一生，始终胸怀松柏之志，常保赤子之心，即使身处黑暗，依然仰望星空；即使孤立无援，依然百折不挠。在当今日渐浮躁的社会中，这样的理想主义也许显得有点不合时宜，但当理想主义还存在于人们的心中，国家又何愁没有未来呢？

本书的初稿完成之时，正逢 2021 年 7 月 1 日中国共产党成立 100 周年，回首百年奋斗征程，正是有了容闳等一批又一批的时代先驱，为中国的崛起而披荆斩棘，才铸就了我们如今幸福美好的生活。"我仰望你看过的星空，脚下大地已换了时空"，百年前你们梦想的那个新中国，已经变成了现实！

在写作过程中，我们搜集了很多关于容闳的文史资料，但容闳一生中侨居美国的时间较长，很多相关文献收藏于美国各学术机构中，获取不易，但有赖于国内的著名学者如章开沅、吴义雄等人的不辞劳苦，对部分文献进行了精心的编译工作，才使我们得以研究利用。

同时，容闳的相关资料虽然数量丰富，但是有些资料间的说法存在矛盾，即使是容闳的自传《西学东渐记》，由于其写作自传时已八十多岁高龄，故某些事件和时间的记录与历史事实也有所出入，因此需要进行大量的筛选、整理、校正等工作，这些都给我们的写作带来困难。

希望"中国留学生之父"容闳的动人故事能够得到广泛传播，他的

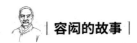 

爱国精神能够激励更多的中国当代青年，出于这种初衷，我们撰写了这本《容闳的故事》。我们深知自己水平有限，撰写过程中可能依然存在舛错、遗漏之处，希望有关专家学者惠予指正。

华　夏　谈楚儿

2021 年 7 月 17 日于江门职业技术学院

《侨界杰出人物故事丛书》
已出版书目

1.《陈嘉庚的故事》，李成逊、陈晨编著，北京：中国华侨出版社，2020年
  1月

2.《钱学森的故事》，隋倩编著，北京：中国华侨出版社，2020年3月

3.《李林的故事》，王宝国著，北京：中国华侨出版社，2020年3月

4.《李四光的故事》，马晓荣编著，北京：中国华侨出版社，2020年4月

5.《钱伟长的故事》，王海燕编著，北京：中国华侨出版社，2020年4月

6.《司徒美堂的故事》，李丹、宋旭民编著，北京：中国华侨出版社，2020
  年4月

7.《竺可桢的故事》，张敏编著，北京：中国华侨出版社，2020年4月

8.《何香凝的故事》，刘松弢编著，北京：中国华侨出版社，2020年8月

9.《邓稼先的故事》，隋倩编著，北京：中国华侨出版社，2022年3月

10.《张振勋的故事》，周怡敏、余海源著，北京：中国华侨出版社，2022
   年3月

11.《冯如的故事》，李梓烽、张景秋、萧丽容著，北京：中国华侨出版社，
   2022年3月